子育て支援の社会学

社会化のジレンマと
家族の変容

松木洋人 著
hiroto matsuki

新泉社

カバーデザイン――堀渕伸治◎tee graphics

子育て支援の社会学

目次

序章

本書の目的と構成

1　本書の目的

論点としての子育て支援

一九九〇年のいわゆる「一・五七ショック」を契機に少子化が社会的に大きな注目を集めるようになったその後も、合計特殊出生率は低下を続け、現在に至るまで、顕著な回復傾向を示すには至っていない。このような日本の少子社会化を主要な文脈として、子育てを私的領域たる家族のみの問題とするのではなく、政府や地方自治体、地域社会などの公的領域が積極的に子育て支援に関与する必要性が主張され、実際にさまざまな水準での施策化も進展してきた。具体的には、保育所定員の増加、〇歳児保育・延長保育・休日保育の推進による保育サービスの多様化、家庭的保育の拡充、地域子育て支援の拠点づくりといった施策が実施されつつある。また、二〇〇三年には、次世代育成支援対策推進法と少子化社会対策基本法があいついで成立し、社会を挙げて子育て支援に取り組むという方向性が改めて打ち出された。この方向性は、二〇一二年に成立した子ども・子育て支援法に至るまで基本的に受け継がれているものである。

しかし、子育て支援は、近年の日本社会におけるポリティカルな論点の一つともなっている。たとえば、いわゆる「保守系論壇誌」には、ある幼稚園園長による以下のような記述を見つけることができる。

現在行政が熱心に進めている「子育て支援」「ファミリーサポート」、そして認証保育所などは全て、家庭を崩壊せしめ、精神的孤児を生み出す元凶となり得る危険極まりない政策だ。（菅原 2002: 290）

この論説の冒頭では、親による幼児虐待、いじめ、校内暴力、不登校、「ますます凶悪化・凶暴化する青少年による暴力犯罪の数々」など、現在の日本では、「子どもをめぐるあるいは子どもの起こす事件や問題が続発している」（菅原 2002: 284）との認識が示される。そのうえで、それらの問題の原因を、最近の親子において、「親子のやり取りを通して育つ『自然な育ち』」が阻害されはじめており、「子供が育ち、母親も育つ自然のメカニズムが崩れてきている」（菅原 2002: 286–287）ことに求める。さらに、その後では、「産休明けからもし一三時間もの託児がなされるとしたら、その子にとって家庭は一体どこで、一体親は誰なのか。そんなことも考えられない愚かな官僚達が『亡国の保育行政』を司っている」（菅原 2002: 290）と主張されるように、子育て支援サービスの「充実」によって、「親と子の距離を限りなくバラバラに引き離してしまうこと」（菅原 2002: 290）が、先述のような親子関係の歪みをもたらすとされる。つまり、ここでは子どもや子育てに関わるもろもろの問題の原因が、家庭や親子関係の崩壊を媒介としながら、進行中の子育て支援施策のあり方に帰属されている。論説の副題に「育児の社会化が揺るがす家族の絆」とある通り、「育児の社会化」こそが問題だというわけである。[*1]

しかし、「育児の社会化」や子育て支援をめぐっては、これとは対照的なストーリーが語られることもある。[*2] 一九九九年に東京都文京区で、ある母親が同じ幼稚園に子どもを通わせていた「友人」の娘を殺害するという事件が起きた。教育評論家の尾木直樹（2000）は、この事件の背景に、子育て中の母親の苦悩があると指摘している。尾木（2000: 98）によれば、この事件が浮き彫りにしたのは、専業主婦の憂鬱や「心の闇」を「若い母親たちが子育ての苦悩の限界のSOSとして発信する姿」である。そして、母親たちを「子育ての苦悩」から解放するための「解決への視点」の一つとして、「子育てを『母子カプセル』状況から解き放つこと。子育ての社会化を急ぐこと」（尾木 2000: 97）が説かれる。すなわち、先ほどの菅原がもろもろの事件や問題の原因として位置づけていた「育児の社会化」が、ここでは子育てに関わる事件や問題の解決策として言及されているのである。

このように、「育児の社会化」や子育て支援施策の拡充は、あるときには社会や家族で生じる問題を引き起こすものとされ、またあるときにはそれらを解決するために必要な手段として要請される。二〇世紀末以降の少子社会化した日本社会とは、子育てを支援することや社会化することをめぐって、さまざまな論者が、しばしば相反する内容も含んだ無数の言説を紡ぎ出しつづけている社会であると言えるだろう。

そして、社会学者も、この子育て支援をめぐる言説のポリティクスに積極的に参入している。落合恵美子（[1994] 2004: xii）は、尾木と同様に東京都文京区の事件に言及しながら、そこに「母親による育児の限界」、さらには、母親たちの自発的育児ネットワークに頼ることの限界を見てとっている。そのうえで、「母親に子育てを任せっきりにしていることは、子供にとっても母親自身にとっても、むしろ危険」（落合 2000: 262）であるとの見立てのもとに、子育てへの「本格的な社会的サポート」（落合 2000: 264）、具体的には、「母親の就労いかんを問わず保育園全入を進めること」（落合［1994］2004: xii）が提案されるのである。*3

子育て支援の社会学と言説のポリティクス

本書もまた社会学、とりわけ家族社会学の立場から、現代の日本社会において拡充が図られつつある子育て支援について、その考察を試みるものである。しかし、本書の直接的な目的は、先述したような言説のポリティクスに参入して、現在の子育て支援施策や「育児の社会化」の是非について論評を加えることにあるわけではない。本書でまずもって目指されるのは、子育てを支援するという実践がどのように行われ、そして、その支援の実践が当の支援者たちにとってどのようなものとして経験されているのかを具体的な題材に基づいたかたちで例証することである。

子育て支援施策が拡充することによってもたらされる帰結の一つは、子どもをその成員として抱える家族が、子どもへのケアとそれにまつわる各種のサポートの授受を通じて、家族成員以外の、多くは福祉領域に位置づけられる制度や組織、人々との関わりあいを深めていくという事態であるだろう。*4 それを端的に象徴しているのが、菅原（2002）がその行き過ぎを危惧していたような、幼い子どもが家族成員以外の者によってケア提供を受ける機会や時間の増大である。このように「育児の社会化」を要請する議論が盛んになり、子育て支援の理念が事業化されることによって、すでに多くの親子がさまざまな子育て支援サービスと関わりながら、その生活を営んでいる。しかし、少子化やそれがもたらす事態の深刻さと、その対策として「育児の社会化」、子育て家庭の支援が必要であることを語る言説とそれに対抗する言説が相互に触発するかのように増殖する一方で、*5 むろん部分的にではあっても子育てが社会化されたその結果として生まれる状況において、子育ての支援がどのように行われ、支援の提供に従事する者と提供を受ける者がどのような関係性を形成し、そこでどのような経験をしているのかといったことが社会学的な調査研究によって明らかにされているとは言えない（立岩 2000, 相馬 2011a 参照）。

近年、日本の社会学においては、「ケアの社会学」および「支援の社会学」と呼ばれる研究領域が緩やかに形成されつつあり（三井・鈴木編 2007; 2012, 崎山ほか編 2008, 井口 2010, 上野 2011）、高齢者介護（井口 2007）や障害者の介助（土屋 2002, 中根 2006）、病者の看護（三井 2004）などのケアや支援を対象とした調査研究が行われている。これらの研究は、社会学的な理論と方法論を基盤にして、綿密なフィールド調査を行うことを通じて、身体的あるいは情緒的なニーズを抱えた依存的な他者へのケアや支援の提供者と受け手の経験や関係性のあり方を明らかにしようとするものである。しかし、いくつかの例外を除いて（相馬 2004, 山下 2004, 井上 2013）、日本社会という文脈のなかで、子育て支援に携わる人々が自らによる支援の営みをどのように実践し、経験しているのかを明らかにする試みはほとんど行われていない。「支援・ケアの社会学」において、子育てというケアへの支援はほぼ看過されているのが現状である（井口 2010 参照）[*6]。

しかし、今後、子育て支援施策のさらなる拡充が図られ、子育て支援を支える支援提供者の果たす役割がますます重要となることが予測されるうえで、子育て支援が実践される多様な領域について、その担い手が支援の提供という経験をどのように理解しているのかを把握することは、支援提供者のウェルビーイングや支援の質の確保といった観点からも不可欠であると思われる（相馬 2011a）[*7]。

つまり、現在、求められているのは、子育て支援を提供者と受け手との社会的相互行為によって構成されるものと捉える社会学的な視点から（上野 2011）、子育て支援に関わる当事者たちがその支援をどのように実践し、経験しているのかを社会調査に基づく具体例に即したかたちで明らかにすることであるだろう。本書の取り組みは、何よりもこの欠如を埋めようとするものである。そして、本書は、この課題に取り組むにあたり、子育て支援者たちの技巧的な実践や経験が置かれている重要な社会的条件の一つとして、子育てとそれを支援することをめぐる先述の言説のポリティクスに注目する（Gubrium & Holstein 1997; 2008 参照）。*8

東野充成（2008）は、次世代育成支援対策推進法、認定こども園設置法、二〇〇〇年の改正少年法など、近年の子どもに関する法律の審議過程では、しばしば子育ての家庭回帰を求める言説が発せられており、「子育てとは誰が行うのか」というテーマが通奏低音となっていると指摘している。なかでも、少子化社会対策基本法については、「子育ての第一義的主体を親に、それをバックアップするものとして社会を措置するという構図をつくりだすことによって、育児を私的な家族の領域に閉塞させようという考えと社会に開放しようという考えの妥協を図ったもので」あり、「子育ての家族への囲い込みと社会化という二項対立図式を内包したまま」成立したものであるという（東野 2008: 52–53）。

少子化社会対策基本法は、子育て支援施策の展開を方向づけてきた法律の一つである。しかし、おそらく、このような二項対立図式はただ立法過程にのみ見出されるものではない。よく知られているように、日本の女性の労働力率は現在でもM字型曲線を描いている。このことは多くの女性が、結婚あるいは出産を契機にいったん仕事を退職して、子どもが小さいうちは家事・育児に専念した後に、再び仕事に就く「中断再就職型」のライフコースを歩むということを意味している。実際、各種の調査結果から確認されているのは、第一子を出産後も就業を継続する女性の割合は近年でも三〇パーセントを超えておらず、一九八〇年代後半からほとんど増加していないという事実である（たとえば国立社会保障・人口問題研究所編 2012）。そして、その結果として、三歳未満児の約八五パーセントは主として家庭で養育を受けている（内閣府 2006）。

このような日本社会の状況は、子育て支援の必要性が繰り返し唱えられ、部分的にはその拡充が実現しつつある一九九〇年代以降においても、「子育ては家族、とりわけ母親の手によって担われるべき」という言説が、多くの成員にとってかなりの効力を維持しながら広く浸透しつづけていることを示唆するものであるだろう（加藤 2006, 岩間 2008, 西村 2009 参照）。とすれば、立法者のみならず、実際にさまざまな子育て支援に携わる支援者、子育て支援の提供を受ける子どもの親やその他の家族、さらには、支援サービスとは直接の関係をもたない第三者にとっても、「子育ての家族への囲い込みと社会化という二項対立図式」は、子育てをめぐって支援の授受がなされる状況を理解するにあたって一定の作用を果たしていると思われる。井口高志（2010: 171）が、一九九〇年代以降のケアの「社会化」をめぐる研究をレビューするなかで指摘しているように、「ケア遂行の外部化の進展は、必ずしもケア責任や配慮における家族の役割を軽減」させるものではなく、また、「家族外のケアの担い手が、実態および観念の『家族』へ深くかかわる」という事態をもたらしつつある。

　本書は、このような言説のポリティクスのただなかに置かれた子育てを支援するという実践や経験のありようを見定める試みである。言い換えれば、支援者が日々の支援を実践するうえでこのポリティクスがどのような位置を占めているのか、あるいは、このポリティクスが社会的条件として存在することが支援の実践や経験とどのように関連しているのかを見定める試みであるということになる。

　この目的を達成するために、本書では、さまざまな状況で子育て支援に従事している支援者を対象として、筆者が数年間にわたって実施してきたインタビュー調査から得られた語りを読み解くことが行われる。そして、社会福祉領域における子育て支援者の経験についての考察に基づいて、子育てを制度的に支援することが現代家族およびそれをめぐる議論にとってどのような含意を有するのかについても議論を行う。先述のように、子育て支援に携わる人々の経験にとって、子どもへのケアを通じた家族領域との関わりのあり方は一つの鍵となるものと思われる。それと同時に、詳しくは第1章で後述するように、現代の家族のあり方を語るにあたっても、その子育て支援との関わりのありようは、重要な論点となる可能性をもっている。

　以上のような問題意識にしたがって、本書では、社会福祉領域において収集された語りの分析を通じて、それと交錯する家族領域の現在的位相、あるいは、その交錯のあり方について指摘を行うことを目指す。

2　本書の構成

本書は以下のような構成をとっている。まず第1章では、これまでの子育て支援施策の展開を概観しつつ、それにともなって家族と子育てをめぐる規範的論理の二重化と呼びうる状況が生じてきたことを指摘する。そして、この状況が社会学研究にとって有する含意について論じたうえで、本書の問題関心が家族変動や家族規範という家族社会学的な概念と関連づけられる。

続いて第2章では、家族規範概念の家族社会学研究のなかでの位置づけを理論的に検討することを通じて、本書がどのような視点から家族規範および家族変動にアプローチしようとするのかが示される。第3章では、本書が基づいている子育て支援の提供者へのインタビュー調査の概要を説明するとともに、インタビュー調査で得られた語りの位置づけを確認する。

第4章から第6章までは、子育て支援の提供に携わる人々による語りを題材にして、支援提供者の実践と経験を記述するとともに、それらがどのような「家族」や「子育て」に関わる規範を通じて成立しているのかを検討する。

第4章では、子ども家庭支援センター「キサラギ」のスタッフの語りと「保育ママ」であり育児サークル「さつき」の主催者でもある一人の対象者の語りを比較することで、子育て支援の提供者が直面しうるジレンマおよびそれが解かれるための方法や条件について考察を行う。

第5章は「保育ママ」の語りに焦点を当てる。「保育ママ」の語りから彼女たちの実践と経験を支えている家庭性の論理と専門性の論理という二つの論理を抽出したうえで、前章の知見を参照しつつ、「保育ママ」という支援形態の特性が、先述のジレンマが経験されずに子育て支援の実践が行われるうえでの重要な条件となっていることを論じる。

第6章では、子どもへの直接的なケア提供を目的とする状況ではなく、子育て中の親が子どもを連れて集まる子育て広場のスタッフによる語りの検討を行う。家族支援、親支援に特化した子育て広場において子育て支援を提供する実践と経験の特徴が、支援者の当事者性および専門性という観点から記述される。

これら三つの章において、それぞれ形態の異なる子育て支援を扱うことで、支援が提供されている主要な形態の特徴を浮かび上がらせることを目指すと同時に、それぞれの章で家族の育児責任およびその支援実践における専門性との関わりが繰り返し考察の対象となることが各章を緩やかに結びつけている。

最後に終章では、これまでの議論でもたらされた知見を家族社会学の文脈と「支援・ケアの社会学」および子育て支援論の文脈、そしてそれらが交差するところにあるケアの社会的配分およびケアの単位としての家族概念の再考をめぐる議論の文脈に置き直しながら、本書の意義について改めて検討を行うことによって結論とする。

なお、本書を構成する各章の多くは、筆者がこれまでに発表してきた論文を改稿したものである。ここでそれぞれの初出について記しておくと、第1章は松木（2011）、第2章は松木（2003）、第4章は松木（2005）および松木（2007）、第5章は松木（2009）、第6章は松木（2012）に加筆修正を施して執筆した。また、第2章については、木戸・松木（2003）と大貫・松木（2003）のそれぞれから、共著者のお二人に許可をいただいたうえで、筆者が主に執筆を担当した箇所を部分的に利用している。改稿の過程では、別々の機会に書かれたそれぞれの論文を結びつけることで、全体として一貫した論旨をもつように努めるとともに、初出論文における誤りや不充分な部分について、現時点の筆者に可能な範囲で修正や補足を試みた。その結果として、初出が古いものほど大幅な加筆修正がなされている。

注

＊1――ただし、「親と子が共に幸せな家庭生活を築くことを保障する真の子育て支援」（菅原 2002: 293）が必要であるともされており、著者による批判の対象は子育て支援一般であるというよりは、「育児の社会化」とい

う言葉で彼女によって特徴づけられている当時の子育て支援施策のあり方である。なお、これと類似の議論としては、保育所への「子育ての外注」の弊害の大きさを説く林道義（2002）によるものなどが挙げられる。

＊2――本書では、原則として、育児や介護などのケアの「社会化」という用語を、家族にその遂行の責任が帰属されてきたケアが家族の外部に移行する事態を指す「脱家族化」という用語と互換的に用いている。

＊3――牧野カツコ（2009: 13）も、近代家族は子どもの育つ場として適切ではなく、「子育ての機能を衰退させ、すでに座礁が始まっている日本の家族は、育児の社会化の道を急がなければ、『子どもたちが危ない』という段階に来ているといえるだろう」と述べている。しかし、社会学者たちが必ずしも一枚岩ではないことには注意が必要である。現行の保育サービス中心の子育て支援に批判的で、現金給付中心の支援へ切り替えるべきであると主張する議論は（赤川 2004, 金子 2004）、先ほどの菅原と尾木との対照とは異なる水準においてではあるが、落合や牧野らのそれと対照的である。

＊4――もちろん、子育て支援は、直接的に子どもへのケアに関わることのみならず、子育て家庭への経済的給付など、子育てをする人々へのより多様な施策を意味する言葉であり、さらには、ジェンダー的に編成された広範な社会制度の組み換えを通じた子育て環境の再構築をともなうべきものでもあろう（前田 2004）。本書では、これらのことを踏まえつつも、相互行為状況において子どもへのケアの提供およびそれに関する支援が提供されるという子育て支援の一つの側面に注目する。

また、本書においては、母親による子育てへの支援が主要な考察の対象となっており、父親の存在は射程の範囲外となっている。しかし、これは本書が母親のみに育児責任が帰属されることを所与の前提としているからではない。むしろ、日本社会においては、育児の負担が圧倒的に父親よりも母親に偏っていることを考慮したうえで（永井 2009）、母親の育児とその支援に焦点化するものである。

＊5――ただし、子育て支援サービスの充実を、現に生まれている子どもについてのニーズや男女平等の観点からではなく、潜在的な出生行動を現実化する少子化対策として語ることは、それ自体が一種の家族政策的な言説となっていることには注意が必要である（渋谷 1999）。

＊6――なお、子育て支援を利用する側の経験や実践についても、いくつかの例外を除いて（戸江 2008; 2009; 2011; 2012, 堀 2009, 井上 2013）、同様のことが指摘できる。他に本書と関連する問題関心をもつ研究としては、保育学的な視点から行われた地域子育て支援センターのエスノグラフィー（松永 2012）、日本とニュージーランドにおけるプレイセンター活動の研究などがある（佐藤 2012）。なお、英米においては、特に一九九〇年代以降、施設で子どもにケアを提供するケア労働者（Brannen & Moss 2003）、家庭的保育の提供者（Tuominen 2003）、子どもをケア提供者に預ける母親（Uttal 2002）などの経験について、詳細な質的研究が行われている。

＊7――相馬直子（2011a）は、従来の「子育ての社会化」論が、子育てをいかに家族から外に出していくか（「外部化」）といかにして子育てを社会全体で支援していくか（「共同化」）という二つの局面に焦点化していたのに対して、子育て支援が制度化されてきた現在、「子育ての社会化」が利用者や支援者にとって何を意味するのかという「自律化・主体化」の局面に注目することが、子育て支援の効果や機能を検討するうえで重要になっていると指摘している。

＊8――J・グブリアムとJ・ホルスタイン（Gubrium & Holstein 1997; 2000＝2006）は、「エスノメソドロジーの知見を用いる構築主義」（ethnomethodologically informed constructionism）の立場から、人々が語りと相互行為を通じて社会的現実を構築する活動を、その技巧的な側面とそれが置かれている社会的条件という側面の結びつきに注目して把握することを提唱している（松木 2001）。社会的現実の構築は、社会的真空においてなされるのではなく、個別の場面において資源として利用可能となっている語彙やイメージやカテゴリー

を経験の諸側面に適用して分節化することによって、理解可能な対象を生み出す営みとして捉えられる。

なお、近年の彼らは、自らの方法論的立場を人々の物語実践（narrative practice）を対象とする「物語のエスノグラフィー」（narrative ethnography）として定式化している（Gubrium & Holstein 2008）。この物語のエスノグラフィーにおいても、人々が自分の内的生活や社会的世界の意味をどのような方法を用いて組み立てているのかというエスノメソドロジー的関心と、その技巧的な物語構築作業（narrative work）を社会的に条件づけている物語環境（narrative environment）に対するエスノグラフィー的関心を往還することが推奨されている。

本書は、子育て支援という主題への社会学的アプローチのあり方において、グブリアムとホルスタインおよび彼ら以上にエスノメソドロジーの発想から学ぶことで「社会問題の構築主義」を再構成して「エンピリカルな構築主義」を提唱している中河伸俊らの議論から大きな示唆を受けている（中河 2001; 2004; 2005, 平・中河 2006）。なお、本書の方法論的立場については第2章および第3章においてより詳しく論述する。

第1章

子育て支援の論理と現代家族の変容

1　少子化問題の構築

一九九〇年代以降の日本の福祉政策においては、政府や地方自治体などの公的領域がより積極的に子育て支援に関与するという方向への転換が進行している（藤崎 2000a; 2000b, 下夷 2000; 2007, 横山 2002; 2004）。この端緒となったのが、一九九〇年六月に、厚生省（当時）の「人口動態統計」において一九八九年の合計特殊出生率が一・五七を記録したと発表されたことによる、いわゆる「一・五七ショック」である。合計特殊出生率はすでに一九七〇年代半ばからほぼ一貫して低下傾向にあり、また、その低下を開始してからすぐに人口置換水準を割り込んでいたにもかかわらず、丙午にまつわる迷信を理由に人々が出産を意識的に控えた一九六六年の一・五八を下回り、過去最低の値となったことが喧伝された。そして、政府は各種の審議会などを設置して、少子化対策の必要性を提起する多数の報告書や提言が出された（横山 2004）。社会問題の構築主義の用語を使えば、少子化は解決すべき問題であると主張する「クレイム申し立て活動」が本格的に開始されたのがこの頃であるということになる（Spector & Kitsuse 1977＝1990）。その後、現在に至るまで、少子化は持続的に社会問題として構築されつづけていると言えよう。

その少子化問題への対応策、つまりは、出生率上昇策の一環として、必要性を主張されるようになったのが、子育て支援の推進である。本章では、まず、この子育て支援施策がどのような論理のもとで展開されてきたのかを概観した後に、その展開がどのような状況を帰結しているのかを論じる。そのうえで、主に家族変動との関わりにおいて、その展開と帰結がもたらす社会編成上の含意の大きさを指摘していく。このような論述によって、序章で提起した論点を敷衍しつつ、本書の基本的な着眼点と社会学研究、とりわけ家族社会学研究のなかでの位置づけを示す。

なお、子育て支援は、現在、きわめて多様な意味合いで使われている言葉であるが（大豆生田 2006）、下夷美幸（2000）は、「経済的費用」「ケアサービス」「時間」という子育てに必要な三つの資源に注目して、子育て支援が具体的にどのような方法でなされるかを整理している。すなわち、子育て支援とは、家族が子育てを行うための経済的費用、ケアサービス、時間を公的に支援・保障していくことであり、日本における主たる具体的な政策としては、児童手当、保育政策、育児休業制度がそれぞれに対応するものとして挙げられている（下夷 2000）。

このいずれについても、一九九〇年代以降、概ね拡充の方向をとりつづけているのを見出すことができると思われるが、[*1] 序章で述べた通り、本書の主たる関心は、さまざまな子育て支援のなかでも、子どもへのケアを支援する営みにある。そのため、本章でも子育てに必要なケアを支援する営みをめぐる施策に焦点を当てて検討を行うこととする。

2　子育て支援施策の展開と規範的論理の二重化

子どもへのケアを支援する施策の拡充

「一・五七ショック」以降、一九九四年には、政府による子育て支援の総合計画として、いわゆる「エンゼルプラン」が策定される。エンゼルプランの正式名称は、「今後の子育て支援のための施策の基本方向について」であるが、これが国の政策において明確に「子育て支援」という言葉が使われた最初のものである（汐見 2008）。*2 エンゼルプランでは、「安心して出産育児ができる環境整備」「家庭における子育てを支援する社会システムの構築」「子育て支援における子供の利益の最大限の尊重」の三点が基本的視点として掲げられている。また、同年には特に保育に関する具体的計画として、「緊急保育対策五か年事業」が策定され、低年齢児保育、延長保育、一時保育などのサービスの大幅な拡充が、具体的な数値目標とともに打ち出されていく。

引き続き、一九九九年に「重点的に推進すべき少子化対策の具体的実施計画」（新エンゼルプラン）、二〇〇四年には「少子化対策大綱に基づく具体的実施計画」（子ども・子育て応援プラン）が策定される。こうした過程において、保育サービスの拡充による共働き家庭の母親の育児と仕事の両立支援のみならず、地域の子育て支援拠点づくりによる専業主婦家庭における子育ての支援、男性も含めた働き方の見直しによる仕事と家庭生活の調和（ワーク・ライフ・バランス）の実現にもより重点が置かれはじめた（内閣府 2009）。この施策の総合化の傾向は、その後の少子化対策、子育て支援施策にも見てとることができるものである。

そして、これらの計画・方針が実行されることによって、子どもへのケアを支援するサービスは拡充している。たとえば、認可保育所の定員や入所児童数は増加傾向にあり、二〇〇二年度から推進された「待機児童ゼロ作戦」などの結果として、その後の三年間で、保育所などでの受け入れ児童数は一五万六〇〇〇人の拡大を達成している（内閣府 2009）。また、特に〇歳児保育、延長保育、休日保育、夜間保育、病後児保育などを提供している保育所はここ一〇年間で大幅に増加しており、保護者の多様なニーズに応えるための保育サービスの多様化が進行している（増田 2007，普光院 2008）。

また、近年になって、保育所などの施設ではなく、ケア提供者の自宅において保育サービスを提供する家庭的保育事業、いわゆる「保育ママ」事業にも政策的な関心が向けられはじめている。二〇〇九年度の段階では、「保育ママ」の数は一一〇〇人強に過ぎないものの（福川 2010）、二〇〇八年に児童福祉法が改正されて、地方自治体独自の事業であった家庭的保育事業が法律上の位置づけを与えられるようになったことで、実施の拡大が図られている（内閣府 2009）。

さらには、地域の在宅子育て家庭への支援を強化するために、二〇〇七年度から従来の地域子育て支援センター事業と「つどいの広場」事業を再編するかたちで地域子育て支援拠点事業が創設されている。具体的には、地域で子育て中の親たちが子どもを連れて集まることができる場所の提供、子育てに関する相談への対応、子育てサークルの活動の支援などを行っており、二〇一〇年度には全国に約五四〇〇カ所の拠点が存在している（内閣府 2012）。

このように、一九九〇年代から二〇〇〇年代を通じて、持続的に社会問題化されつづけた少子化への対応策として、子育てを社会的に支援することの必要性に焦点が当てられ、実際に各種の支援サービスの供給が開始されていく。もちろん、現実に供給されている支援サービスの量および質が充分なものとなっているかどうかについては、議論の必要があるだろう。たとえば、保育所の定員は引き上げられているにもかかわらず、二〇〇八年以降、待機児童数はむしろ増加傾向にあり（内閣府 2012）、いまだに女性の就業希望を実現するために充分な水準に達しているとは言えない。また、そもそも日本は欧州諸国に比べると、社会保障費のうち、子どもや子育てに関わる政策のために支出される金額の財政規模が小さいということもかねがね指摘されるところである（内閣府 2009）。

子育て私事論からの転換と支援の論理

しかし、ここで注意すべきであるのは、この一九九〇年代から二〇〇〇年代にかけて、さまざまな子育て支援サービスの提供が充分に拡充してきたか否かという「実態」の変容とは異なる位相において、「子ども」や「子育て」と「家族」および「社会」との関わりを理解するための規範的論理の変容が観察されるということである。

一九八〇年代までの保育政策は、就労している既婚女性とその子どもを主な対象とするものであったが、その既婚女性の就労とはパート労働、周辺的労働を指しており、その背後には、子どもの養育は家庭で母親によって行われるという原則が存在していた（中谷 2008）。[*3]

それに対して、横山文野（2002）によれば、一九九〇年代の保育政策のキーワードは「育児支援」であり、この時期の政策文書に共通する育児についての考え方は、以下の三点であるという。すなわち、第一に、育児は社会的な事柄であり、それゆえに社会全体で支えていくべきものであること、第二に、母親が育児と仕事を両立できるような仕組みをつくることが必要であること、第三に、育児は母親だけではなく父親も積極的に参加して共同で行うべきものであることの三つである。「子育て私事論からの転換」（横山 2004: 79）と端的に表現されてもいるように、一九九〇年代以降、家庭での養育を前提とした議論から、「子育ては家庭と社会のパートナーシップで」という考え方への転換が果たされたのである。[*4]

また、藤崎宏子（2000a: 112）も、日本の福祉政策の歴史における家族と個人の位置づけの変遷について検討するなかで、一九九〇年代に福祉政策における家族の捉え方が、「抑制の論理」から「支援の論理」に大きく転換したと論じている。すなわち、家族を公的な福祉責任の負担軽減を図るための「支え手」と見なすのではなく、「家族支援」「子育て家庭支援」などのキーワードに表れているように、むしろ高齢者や乳幼児の家族が、福祉政策による支援の中心的な対象と見なされるようになってきたということである。

このような変化は、たとえば二〇〇五年度の『国民生活白書』における以下のような記述に象徴的に表現されている。子育て世代の子育てに対する不安や負担感が出生率の低下をもたらしており、子育て世代に対する支援が必要であると論じられた後に、「むすび」の部分では次のように述べられている。

親世代だけでなく、同世代の友人、あるいは会社の同僚、近隣に住む人々など、社会全体で何らかの子育てに参加する、あるいはそれができる仕組みを構築していくことが望まれる。子育てが家族の責任だけで行われるのではなく、社会全体によって取り組む、「子育ての社会化」が重要である。(内閣府 2005: 185)

つまり、一九九〇年代から現在に至るまで進行してきたのは、単なる各種の子育て支援サービスの拡充ではない。それに加えて、「家族の子育てを支援する」という論理を通じて、それまで家族に帰属されていた子育ての責任を、部分的にではあれ、家族の外にあるより広範な「社会」へと移行しようとする家族責任の外部化・共同化、つまりは「子育ての社会化」の主張が、政策的に提起されるようになったということなのである。

そして、このような政策上の論理の転換は、社会の成員であるわれわれがその日常生活において、「子ども」や「子育て」と「家族」や「社会」をどのような論理のもとで理解しているのかということと相互に絡み合うかたちで生じている。このような政策における論理の転換をわれわれが有意味なものとして理解することができるのは、それがわれわれの常識的知識を参照しながらなされているからこそである。それと同時に、政策的な論理の転換とそれに則った各種の支援施策の展開は、われわれが日常生活のなかで「家族」や「子育て」を経験し実践するその仕方を変えていくことにもなる（酒井ほか編 2009 参照）。言い換えれば、一九九〇年代以降、子育て支援施策の展開および政策上の論理の転換と併行して、また、おそらくそれらと絡み合いながら生じてきたのは、家族による子育てを社会が支援すべきものとする論理が、一定の説得力を有するものとして社会の成員であるわれわれにとって広く理解可能になったという事態なのである。[*5]

支援の論理と抑制の論理の併存

しかし、子育て私事論からの転換、あるいは、支援の論理への転換は、必ずしも子育て私事論や抑制の論理に明確にとってかわるようなかたちでなされてきたわけではない。

下夷（2007）は、「ケアワークの社会化」について論じるなかで、現在の日本社会では、「育児の社会化」が、共働き家族の育児を中心として部分的には進展しつつあるものの、それに対する社会的な合意形成が充分ではなく、社会化されたケア体制においてどのように家族を位置づけるのかが曖昧なままであると指摘している。このことは、子育て私事論ではなく「子育ては家庭と社会のパートナーシップで」という理念の転換が主張されるときに（横山 2004 参照）、その家族と社会の間の子育てをめぐるパートナーシップの内実が具体的にどのようなものであるかが、往々にして明らかではないことを意味している（吉長 2008 参照）。

さらには、そもそも、藤崎（2000b; 2003: 25）が支援の論理への転換の動向を論じるのと同時に注意を促していたように、ケアをめぐる「家族支援」の理念の強調には、成員のケアニーズを満たすことが本来的には家族、とりわけ女性の役割であることを再確認させる効果があり、「子育てや高齢者介護にあえぐ家族（女性）の負担軽減をわずかばかり図りつつ、これに縛りつける」巧妙な家族政策としての側面をもっている。[*6] 相馬（2011b: 89）も一九九〇年代以降の日本の育児政策の展開について、「子どもを育成する家庭を社会全体で支援しよう」という「独特な二重構造になっている」と指摘する通り、家族の子育てを支援するという論理は、子育てが何よりもまず家族のものであることを前提としているのであり、言い換えれば、少なくとも現在の日本社会という文脈において、子育ての支援の論理は抑制の論理や子育て私事論の存在を前提としながら成り立っているのである。

また、しばしば指摘されることではあるが、性別役割分業意識は多元的な性質をもっており、「男は仕事、女は家庭」という狭義の性別役割分業意識が流動化しつつあるのに対して、「子どもは母親の手によって愛情をもって育てられねばならない」という規範意識はそれとは別次元に位置するものであるため、その流動化については留保が必要である（大和 1995, 島 1999, 西村 2001）。江原由美子（2001: 126）が、性別分業を「女」という性別カテゴリーと「家事・育児」や「人の世話をする労働」とを結びつける強固なパターンとして定義しているように、女性の労働市場への進出が進み、「子育ての社会化」の主張が人口に膾炙しつつある現在においても、家族、特に子どもをケアする存在であることは、おそらく多くの女性のアイデンティティにとって中心的な位置を占めつづけており、また、占めつづけていることが前提にされつづけている。

であるからこそ、実際に福祉領域において子育て支援の提供に携わる立場にある人々からも、子育てを支援する営みやその意義について、戸惑いの声が発せられることになる。たとえば、大日向雅美（2005: 47）は、保育士がしばしば発する「仕事が休みの日でも、子どもを保育園に預けにくる親が増えているけれど、はたしてそういう場合も、子どもを受け入れるべきなのか」といった疑問に言及しながら、子育て支援の必要性がこれほど主張される時代でもなお、「親のあり方や子育てに寄せる人々の心のなかには、容易には変わらないとらわれがある」と述べている（大日向 2005:

39)。また、井上清美（2013）は、ファミリー・サポート・センター事業の調査に基づいて、いわゆる「リフレッシュ利用」を受け入れる側に、母親が自分の時間をもつために子どもを預かることへの抵抗感があることを指摘している。

さらには、支援の現場に身を置いてきた者の立場から、「子育て支援」の名のもとに行われていることは、子育てを社会全体で支える「社会化」ではなく、自分のすることを他者に肩代わりしてもらう「外注化」であると言われることがある（前原 2008）。そして、その結果、親の自分が子育ての主体であるという意識は弱くなってしまい、保育園による地域の子育て家庭を対象とする支援サービスにおいても、参加する親子はお客さんになって外注化サービスを消費していると主張される。これらの指摘はいずれも、子育てを支援することの意義は認めつつも、実際にさまざまな親子との関係性のもとで支援を実践していくなかで、子育て私事論や抑制の論理がしばしば回帰してくることを表現していると理解することができる。

要するに、現在の日本社会では、子育ての内実や責任を部分的にではあれ家族の外部へ移行することの必要性が盛んに語られたり現実化されたりするその一方で、政策レベルにおいても、そして、社会の成員であるわれわれの多くにとっても、子育ての責任をなお家族、とりわけ母親へと帰属する論理が効力を失ってはいない。[*7] つまりは、子育て私事論とそれからの転換を主張する議論、支援の論理と抑制の論理とが併存しているがゆえに、家族と子育てをめぐって、相反する規範的論理の二重化とも言えるような状況が生じているのである。序章で言及した子育て支援をめぐる言説のポリティクスは、この二つの論理の間で生じているものであり、各種の立法過程における「子育ての家族への囲い込みと社会化という二項対立図式」(東野 2008)もこの二重化状況の一部を構成するものとして捉えることができる。そして、本書の関心にとって重要なのは、拡充されつつあるさまざまな子育て支援の実践が、この二重化状況、言説のポリティクスのただなかにおいて遂行されねばならないということである。

3 二重化状況の社会学的含意

家族の子育て機能と「家族の臨界」

ところで、前節で検討したような、子どもへのケアを支援する施策の拡充と支援の論理の浸透、そして、それがもたらした規範的論理の二重化は、単なる福祉政策上の理念の転換としてのみ理解されるべきではない。なぜなら、子どもを育てるという営みが家族のなかで主として母親によって担われるという事態は、近代における社会編成の要諦であるとともに、近代社会において家族が家族として成立するための主要なメルクマールとなっているからである。

近代社会とは、社会空間を公的領域と私的領域、生産労働のための領域と再生産労働のための領域に二分したうえで、私的領域での再生産労働、つまりは子どもや高齢者などの依存する他者へのケア労働の責任を、ジェンダー化されたかたちでその家族成員へと配分することを原則として成り立っている社会である（落合 1989，上野 1990，山田 1994 参照）。

このことを私的領域たる家族における子育ての側から捉えかえすならば、近代社会における家族の特徴は、地域社会や親族などの外部から明確に境界線を引いたうえで、親が子どもの養育を独占的に担うことにある（庄司 1986，渡辺 1994，山田 1994）。T・パーソンズ（Parsons & Bales［1955］1956＝2001: 35）が、社会の分化、つまりは近代化にともなって、家族はそれがかつては担っていた機能の多くを外部化して、「子どもの基礎的社会化」と「成人のパーソナリティの安定化」という二つの本来的な機能を専門的に担うようになったと論じているのは、周知の通りである。また、近年においても、山田昌弘（2005a: 24–26）は、現代家族の社会的機能として、「子どもを産み育てる責任をもつこと」と「生活リスクから家族成員を守ること」を挙げたうえで、「子どもを一人前になるまで育てること」が義務として親に課されることが「近代社会の本質的特徴」であると述べている。*8

このように、近代社会においては、子どもへのケアという機能を果たすことが家族にとってとりわけ大きな意味をもつ。そして、戦後日本の家族社会学研究も、子どもへのケアを含みこんだ近代家族的な核家族モデルが、高度経済成長期を通じて浸透していく過程において、それを前提としながら成立したものである（落合 1989；［1994］2004）。このために、子育てに関わる機能を欠いたようにも思われる「家族的生活」のあり方には、「家族の定義」や「家族の普遍性」といった理論的論点とも関わりながら、特別な関心が注がれることになる。

日本の家族社会学においては、山根常男（1963）が、子どもが産まれたときから親と分離されて、「子供の家」で生活するイスラエルの「実験的コミュニティ」キブツに家族は存在するかを問うていた。そして、キブツの親子は空間的に分離していても、恒常的な接触と情緒的な結合が存在することをもって、キブツには家族が存在しているとの答えを与えている。[*9] このようなキブツの「家族」生活について、「附加的な機能を家族からコミュニティへ移管することによって、ある意味でヨリ純粋な結婚と家族を実現しているとさえいうことができる」（山根 1963: 54）と述べられるとき、親子の間の恒常的な接触と情緒的な結合は、「家族の本質」を構成するものとして捉えられている。同様に、I・リース（Reiss 1965: 447）も、キブツなどについての民族誌を資料として、G・マードックによる家族の四機能説を批判しながら（Murdock 1949＝1986）、「愛育的社会化」（nurturant socialization）、つまりは、乳幼児への情緒的なケアこそが家族にとって普遍的な機能であると論じている。[*10]

つまり、家族の子育て機能は、家族が家族であるための重要な条件、それを失うことによって、家族が家族であることさえも失いうるようなものとして措定されてきた。言い換えれば、家族が子どものケアを担うということ、あるいは、それがどのような仕方で担われるのかということは、

「家族の臨界」を構成するものと把握されているのである（上野 2008）。そして、こうした把握やそれと対応するような社会編成が、近代社会の成立とともに歴史的に生じてきたものであることを踏まえるならば、これは「近代家族の臨界」であり、ひいては「近代社会の臨界」を構成するものでもあると言うことができるだろう。

公私再編のプロジェクトとしての子育て支援

家族が子どものケアを担うということ、あるいは、それがどのような仕方で担われるのかということが、「(近代) 家族の臨界」「近代社会の臨界」を構成するものである点を考慮するとき、子育て支援施策の拡充および支援の論理の展開がもたらした規範的論理の二重化状況がもっている社会学的、家族社会学的な含意の大きさが明らかになる。

すでに述べたように、子育て支援施策によって推進され、支援の論理が示唆するところの「育児の社会化」とは、これまで家族によって担われることが前提とされてきた子どもへのケア提供の内実や責任を、部分的にではあれ、外部化・共同化することを指している。であるとすれば、家族が自らの臨界を構成している子育てという営みを、子育て支援を通じて、外部に代替させることは、近代社会において家族が家族であるために残された重要な構成要素を失うことを意味しうるものである。だからこそ、子育て支援施策の推進が、ときとして家族の危機と結びつけられることにもなる（たとえば菅原 2002）。

さらには、家族が子育てという営みを通じて、公的領域との関わりあいを深めていくことは、「子どもの養育は家族によって行われる」という近代社会の原理と相反する可能性があるがゆえに、現代社会における家族の位置を問い直していく。近代社会において、子どものケア責任が家族に配分されるということは、家族成員ではない子どもへのケア責任は家族でないことを理由に免除されるということでもある（山田 1994 参照）。しかし、たとえば、先述した平成一七年版『国民生活白書』の「子育てが家族の責任だけで行われるのではなく、社会全体によって取り組む、『子育ての社会化』が重要である」（内閣府 2005: 185）という記述においては、「子ども」をそのケアを通じて「家族」に排他的に結びつけるのではなく、より広範な「社会」と結びつけるという近代社会の原理の書き換えとも呼びうる試みがなされている。

つまり、子育て支援の理念と実践は、近代社会を構成する公的領域と私的領域の区分の再編成という論理的な含意をもっているのである。そして、執拗に回帰してくる抑制の論理、子育て私事論とは、近代的な公私の二分法そのものであり、子育てをめぐる規範的論理の二重化状況は、近代社会の原理とそこから転換しようとする運動がせめぎあう状況として把握することができる。

このように、子育て支援という営みのもつ家族およびそれを含みこんでいる社会の編成にとっての含意の大きさが理解されるならば、それは単なる社会福祉領域における変化であるのみならず、家族変動の問題として、現代家族および現代社会の近代性と脱近代化の問題として捉えられることになる。そして、ここにこそ、子育て支援がもたらしつつある家族領域と社会福祉領域のインターフェイスの変化を問うことの社会学的、家族社会学的な意義の大きさを見出すことができる（藤崎 2004 参照）。

4 家族変動論と「ケアの社会化」

以上のような本書の着眼点とは異なり、一九九〇年代以降の家族社会学において家族変動が議論されるときにしばしばキーワードとなるのは、家族の多様化や個人化であるだろう（野々山・袖井・篠崎編 1996, 田渕 2002, 岩間 2010, 木戸 2010）。これらの議論は、家族社会学というディシプリンが、自らの成立の前提となっていた核家族モデルを自省的に捉え直すことで、同時期に顕著となってきた家族変動への対応を図ろうとする試みであるとも位置づけられる。

家族の多様化については、単独世帯や夫婦のみ世帯、ひとり親世帯といった、夫婦と未婚の子どもという「標準的」な核家族世帯とは異なるさまざまな家族形態の増加が論じられ、これらの家族のあり方を逸脱的なものと捉えるのではなく、多様なライフスタイルの一つとして取り扱うべきことが主張されてきた（野々山 1992; 1996）[*11]。また、家族の個人化論においては（たとえば山田 2004, 目黒

2007）、主に共働き夫婦の増加、夫婦間の性別役割分業の変化、未婚化の進行、離婚の増加などを論拠として、家族の拘束性が減少し、個人の選択性や自律性が増大してきたことが指摘される（野田 2008）。

家族の多様化論および個人化論に概ね共通しているのは、家族がすでに生きながら死んでいる「ゾンビ・カテゴリー」になったという議論に表れているように（Beck & Beck-Gernsheim 2001: 203／山田 2004; 2005b も参照）、近代家族の典型をなすとされる性別役割分業型の核家族が、人々の家族生活や家族にまつわる行動を把握するために有効なモデルとしての地位を失いつつあるという認識である。そして、画一的な核家族モデルがもつ規範的拘束力が弱まった結果としての多様化や個人化の動向は、ときとして、家族の脱近代化（目黒 2007）や「第一の近代」の終焉（Beck & Beck-Gernsheim 2001, 山田 2005b）とも重ね合わせられる。子育て支援を通じて福祉領域と交錯する家族生活のあり方も、家族が子どもへのケア責任を担うことを前提とした近代家族的な核家族モデルとは異なるという意味において、この家族の多様化や個人化の動向の一環として理解することもあるいは可能であるようにも思われる。

これに対して、木戸功（2010: 149）は、先述のような家族変動をめぐる議論に批判的な検討を加えながら、現在、社会と家族が経験しつつある新たな変化について述べるなかで、「ケアの社会化」への注目を促している。*12「育児の社会化」は、高齢者の「介護の社会化」や障害者の「介助の社会化」などとともに、介護保険制度の成立をそのための巨大な一歩とする「ケアの社会化」の一部であると捉えることができるものである（上野 2011）。木戸（2010: 149）は、家族が依存する他者のケアによって成り立つのだとすれば、この「ケアの社会化」によって、「家族の秩序の存在論的な不安定化が生じるのではないか」という作業仮説を提示する。「近代家族において、自明視されるがゆえに潜在化されてきた家族とケアの結びつきは、その社会化を通じて、むしろ逆説的に焦点化されてきた」（木戸 2010: 150）との認識のもとに、「ケアの社会化」を通じて、制度としての福祉と家族が交差する場に、現代の家族／社会をめぐる「社会的実験の機会」（木戸 2010: 151）を見出すのである。

注意するべきは、この際に焦点を当てられているのが、規範の水準における家族とケアの結びつきだということである。田渕六郎（2002）は、規範の変化が個人の選択の余地を拡大し、家族の多様化を推し進めてきたという説明について、マクロレベルで進行する家族変動の観察のみならず、その基底にあるミクロの家族行動において用いられる規範がいかに変容しうるのかの検討が求められると指摘している。この指摘に言及しながら、木戸（2010: 40）は自らが提唱する「構築主義の立場からの現代の家族変動へのアプローチ」を、「人々の経験を秩序づけるそのロジックの詳細な分析を通じて、家族をめぐる規範変容の進み具合を明らかにするもの」と位置づける。

また、野田潤（2008）は、家族の個人化論には、夫婦関係の個人化傾向のみを測定して、それを家族全体の個人化に代表させる傾向があることを指摘する。そのうえで、新聞紙上の離婚相談の分析から、離婚が語られる際の妻の選択性はたしかに増大しているものの、子どもの幸福を犠牲にしての離婚が正当化されることはなく、「子どものため」という論理は現在でも離婚をめぐる批判や正当化の言説資源として有効でありつづけていると結論している。つまり、子どもを分析枠組みに入れると、現代家族には個人化と矛盾する側面が存在しており、近代家族的な「子ども中心主義」(落合 1989: 18) が死んだとは言えないのである。

これらの議論は、ケアの提供やその対象である子どもの存在が問題となるような文脈を注視すれば、多様化論および個人化論の主張とはかなり異なる位相が現代の家族には存在する可能性を示唆するものである。[*13] そして、そこでは家族に関わる規範の変容のあり方が、その成員のケアとの関わりにおいて考察の対象とされている。

本書もこうした視角を受け継ぎつつ、現在、拡充が進行中の子育て支援を、「ケアの社会化」期における家族と福祉が交錯する場として捉えて、そこでの支援の実践および経験の検討に基づいて、現代の日本社会における家族変動へとアプローチしていくことを目指す。[*14] すなわち、私的領域で提供されることが前提とされてきた子どもへのケアやそれへの支援を、公的領域において提供することに従事する人々が、「家族」や「子育て」に関わるどのような規範的な論理を通じて、その経験を理解しているのかが考察される。

改めてこの点を敷衍しておくならば、本書の第一の関心は、「支援・ケアの社会学」として、各種の子育て支援が実践されている福祉領域で生じていることを記述することにある。それと同時に、第二の関心は、家族社会学的な家族変動論の試みとして、子育て支援が実践される領域で生じていることを手がかりに、「家族をめぐる規範変容の進み具合を明らかにする」（木戸 2010: 40）ことにある。現在、子育て支援の名のもとで行われていることは、家族や近代的な社会編成の揺らぎをどの程度、どのような意味合いにおいて示唆するものなのかが検討されることになる。そして、家族とケアの規範的なつながりがいかように維持されているのかが、福祉的な支援の実践にとって重要であるならば、これら二つの関心は同時に満たされる以外にないものであるだろう。

注

＊1――たとえば、経済的費用については、二〇〇〇年に児童手当の支給対象者が拡大されており、時間については、一九九二年に育児休業法が施行され、それぞれその後も育児休業給付の引き上げや休業可能期間の延長が行われている。

＊2――とはいえ、すでに平成元年版の『厚生白書』には「子育て支援」という用語が登場しており（相馬 2011b）、また平成五年版の『厚生白書』は「未来をひらく子どもたちのために――子育ての社会的支援を考える」と題され、子育て支援の必要性についての議論が行われてはいる（厚生省 1994）。

＊3――ただし、女性労働者の増加とそれにともなう保育需要の増大を背景に、すでに一九七〇年代からケアワークの社会化の理念は家庭保育の原則とせめぎあいながら存在していたことも指摘されている（横山 2002; 2004）。

＊4――一九九八年の『厚生白書』（厚生省 1998）で、日本の保育政策に大きな影響を及ぼしてきた「三歳児神話」が合理的根拠を欠くものとして否定されたことも、このことと関わるものと捉えることができるだろう。

＊5――岩井紀子（2011: 37）は、二〇〇二年から二〇一〇年にかけて、「保育・育児の社会化意識」が進行しており、「これまで家族が担ってきた機能を、公的機関を中心とした社会で担ってほしいという意識」が広く浸透していると指摘する。

＊6――その後、藤崎（2009）は、介護保険制度における生活援助サービスのあり方の変遷に焦点を当てながら、介護保険制度が目指したはずの「介護の社会化」の理念が今日では見失われ、「介護の再家族化」とでも言うべき状況が見出されると述べるに至っている。

＊7――このような社会を、親が子どもを「ケアすることを強制されない権利」（上野 2011: 60）が人権として認められていない社会と表現することもできるだろう。

＊8――ただし、山田（2005a）は、これらの機能が家族に本質的に備わっているものではなく、政治的に決定されていると捉えていること、子どもへのケアそのものではなく、それをコーディネートする責任が家族に課されているとする点でパーソンズとは異なる。なお、山田（2005b）は、「第一の近代」では「学校や保育所で子育ての機能が外部化されても、子育てをコーディネイトする責任は親に残る」（山田 2005b: 18）ものの、「第二の近代」においては「家族の機能的欲求を満たす責任を放棄するという『選択肢』の出現」（山田 2005b: 19）が問題になるとも述べている。

＊9――他には、夫婦が経済的単位をなしてはいなくても、単婚的な配偶関係が観察されることなどが、その論拠と

して挙げられている（山根 1963）。なお、後に山根（1972）は、キブツが「家族の本質的性格」（山根 1972: 229）を満たしているかをその構造と機能という観点からより詳細に検討したうえで、同様の結論に達している。

＊10――後に山根（1971: 24）も、フロイト流のインセスト・タブー論を経由しながらではあるが、リースの言う愛育的社会化が「家族にとって本質的な機能」であると述べている。

＊11――とはいえ、家族社会学においては、家族の多様化を積極的に主張する議論のみならず、多様化論が批判的に検討されることも多いように思われる（たとえば才津 2000, 田渕 2002, 久保田 2009, 池岡 2010, 木戸 2010）。

＊12――木戸（2010）は「ケアの社会化」とともに、そのもとで生じている家族の「脱私事化」を社会と家族が経験しつつある新たな変化に関わる現象として挙げている。「脱私事化」とは、ホルスタインとグブリアムが提示している概念で、私的領域における経験の定義や解釈が、ますますその外部において達成されるようになりつつあることを指す（Holstein & Gubrium 1995）。

＊13――イギリスにおいても、家族社会学が「関係性と親密性の社会学」へとシフトする傾向のもとで、子どもとそのケアの担い手の経験が周縁化されているという指摘がある（Ribbens McCarthy & Edwards 2002: 199）。

＊14――田渕（2006: 952）は、家族社会学の研究動向を整理するなかで、「家族とケア」をめぐる研究が一つの潮流を形成していることに言及する一方で、「ケアに照準する研究を通じて家族研究そのものをどのように理論的に深化させるのか」、とりわけ「現代の家族変動とケアの問題を理論的にどう関連づけていくか」についてはまだ議論が乏しいと述べている。

第2章

家族規範の用法と家族変動

1　家族社会学における家族規範概念

前章では、本書の問題関心を、家族規範や家族変動という家族社会学的な概念との関連のもとに位置づけた。続いてこの第2章では、家族規範概念の家族社会学研究のなかでの位置づけを理論的に検討することによって、本書がどのような視点から、家族規範および家族変動にアプローチしようとするのかを示していく。

家族社会学において、家族規範は重要な概念の一つでありつづけてきた。社会に存在している何らかの家族規範が、人々の行為選択を方向づけることによって、結婚、離婚、出産、就業、離家、世帯の形成といった人々の家族にまつわる行為は一定のパターンや傾向性をもったものとして現れてくる。家族社会学者は、そうした人々のもろもろの家族行動を理解、説明するための説明変数として、家族規範という概念を使用してきた。したがって、家族変動について論じるにあたっても、経済や人口学的要因などの「外部システム」の家族への作用のみならず、家族規範の変化が主要な問題とされることになる。たとえば、森岡清美（1993: 206）は、戦後日本の家族変動を「家」という直系制家族から夫婦制家族への移行と捉えるうえで、「家族規範なかでも家族形成規範に変化が起きることを家族変動の決定的要件」と位置づけていた。また前章でも述べたように、一九九〇年代以降においては、多様化や個人化が現代の家族変動を示す中心的な概念とされているが、そうした議論では、特定の家族規範に拘束されないような個人の自由裁量の拡大、つまりは、家族規範の弛緩や相対化が重要な論点となっている（田渕 2002）。

家族規範は、このように家族社会学における主要な論点を構成するものであるが、その一方では、家族規範という概念自体を前景化したかたちで議論の焦点とすることはあまりなされてこなかった。つまり、家族規範とは、そもそもどのようなものであり、どのように作用するのか、また、家族社会学者はどのような仕方でそれにアプローチすることができるのかといったことは、必ずしも明示的に議論されてきたとは言えないのである。このことは、こうした問いが、その重要性からして、家族社会学研究という営みの核心に関わるものであることを考慮すれば、いささか奇妙なことのようにも思われる。本章では、このような問題認識のもとに、家族規範という概念に検討を加えることによって、社会学的に家族規範とその変化にアプローチするための一つの視点を提示することを試みる。

2　家族の標準理論と家族規範

家族の標準理論とその再考という文脈

家族についての規範をめぐる問題は、日本では主に一九八〇年代後半から議論されはじめた家族社会学の再考の動向とも深く関わりをもっており（木戸 2010 参照）、そうした動向においては、既存の家族社会学研究による家族についての規範的前提が問い直されていたと見なすことができる。D・チール（Cheal 1991: 4）は、「再考」が始まる以前の家族社会学研究のあり方を、「家族の標準理論」と呼んでいる。家族の標準理論は、理論的な収斂や実証主義によって特徴づけられるものであり、パーソンズの構造機能主義的な家族論が強い影響力をもつその範例として位置づけられる（Parsons & Bales［1955］1956＝2001）。そこでは、家族社会学は価値自由的な科学であると捉えられており、客観的な対象の観察、変数間の関係についての仮説の検証、それを通じた命題群の形成と理論的な体系化などが主たる目標となっている（Cheal 1991）。

チールによれば、一九六〇年代後半から求心力を失いはじめていた家族の標準理論は、一九七〇年代中盤にフェミニズムなどの影響によって「ビッグ・バン」を起こし、それ以降、家族理論は収斂の時代から分岐の時代へ入った（Cheal 1991）[*1]。現在の家族社会学における理論的、方法論的な多元化の進行や、家族の多様性に注意を払うことの重要性の認識は、このような家族の標準理論への批判の結果として促されたものと考えられる（木戸 2010）。そして、こうした状況やスタンスは、現在に至るまでの家族社会学研究の基調的なトーンを形成するものである（たとえば Gilgun 1999, Allen 2000, 野々山・清水編 2001, 野々山編 2009）。以下では、このような学説史的文脈を踏まえながら、家族の標準理論とその批判において、家族規範がどのように把握されていたのかを検討していく。このような検討作業は、結果として、現在の家族社会学研究の拠って立つところを再考するという意味合いをもつものともなるだろう。

家族社会学研究における家族規範とその同定をめぐる「問題」

まず、家族の標準理論における家族規範の把握のされ方とその「論理的帰結」について論じておく。すでに言及しておいたように、そこでは家族規範は人々の家族にまつわる行為を統制する説明変数として位置づけられている。*2

たとえば、「再考」以前から現在に至るまで、家族社会学において重要な位置を占める家族規範の一つとして、直系家族規範と夫婦家族規範が挙げられる。両者をどのように概念規定するのかについて議論の余地はあるものの、前者から後者への転換や両者の混合、前者の日本的修正などが、戦後日本社会の家族変動の主要な趨勢を示すものとしてさまざまな議論が行われてきている（杉岡

1996)。ここでの家族規範とは人々の家族行動に統制的な作用を及ぼすような存在であり、規範およびその統制作用を行為者たちが属する出生コーホートなどと関連づけることによって、家族変動について論じることが可能となる。また、直系家族規範も夫婦家族規範も、何かしら単一の行為に作用するというよりは、多元性をもっており、居住形態の選択、老親扶養、相続、祭祀など、多様な行為に影響を与えるものと考えられている(森岡・望月 1997)。

これまでの家族社会学研究は、往々にして、このような効果をもつ家族規範について、研究者が説明変数としての規範を外的に挿入するという方法によって把握することを試みてきた。たとえば、直系家族制から夫婦家族制への移行が論じられるとき、しばしばその根拠とされるのは、世帯の構成という居住形態に関する指標の変化である。国勢調査などのマクロな統計データを解釈する作業によって、核家族世帯が増加する一方で、その他の親族世帯の割合が相対的に低下しているという事実が、直系家族規範の衰退の論拠とされたり、そこから直系家族的な規範の実質に変化がないとの主張が導かれたりしてきた(加藤 2005／落合［1994］2004, 加藤 2009, 施 2012 も参照)[*3]。

この「核家族化仮説の当否」(落合［1994］2004: vi)をめぐる論議で論点になっていたこと、あるいは、論議を通じて前提となってきたことは、盛山和夫(1993)が指摘しているように、形態としての核家族化と理念としての核家族化を慎重に区別する必要性である。核家族、つまりは夫婦家族という形態のもとで生活することやそうした人々が増えるということは、人々が夫婦家族制の規範の作用によって、そうした生活を選択するようになったということとは異なる。同様に、先述しておいたように、近年の家族多様化論に関しても、家族形態の多様化と規範の多様化とは異なる水準にあるものとして議論されねばならない（田渕 2002, 犬塚 2006, 木戸 2010）。

これを踏まえたときに焦点となるのが、人々の家族行動が何らかの家族規範の統制作用によるものであること、また、その家族規範がどのようなものであるのかを、社会学的な説明作業において、どのように同定しうるのかということである。そして、この同定をめぐる「問題」が生じうるのは、研究者が核家族世帯の増加に夫婦家族規範の存在を読みとるといったマクロな統計データの解釈に固有のことではない。

たとえば、いわゆる「量的調査」であれ「質的調査」であれ、直接、調査対象者に「あなたは子どもが結婚したら、親子であっても別々の家に住んで、独立した生活をするのがよいと思いますか」といった規範に関わる質問項目への賛否を問うという方法がありうる。これは行為者に影響を与えている規範を外的に挿入するのではなく、より内在的に理解しようとする指向に基づくものであるとも言えよう。しかし、この場合に、対象者がその質問に対して「賛成である」と回答したとして、彼らの過去や未来における行為選択が実際に、その質問項目で想定されているような夫婦家族規範の影響を受けた、あるいは受けるということは、このやり方によっては保証されない。その質問に「賛成」の回答をした対象者が、現実にそうした状況に置かれた場合にどのように行為するかはわからないだけではなく、仮に調査前や調査後にその通りの行為が観察できても、その行為と特定の家族規範を結びつける説明の不確定性は残ってしまうように思われる。[*4]

さらに言うならば、この事態は、自らの具体的な行為選択について、対象者自身が当該の家族規範にしたがったものだという説明を行ったとしても変わらない。たとえば、「彼が両親と別居しているのは、夫婦家族規範にしたがっているからではなく、妻と母親との折り合いが悪いからだ」といったように、何らかの別の要因が作用した結果として、対象者は親と別居しているという説明が論理的にはなお可能であり、状況によっては、それがよりもっともらしい説明となる場合もあるだろう。[*5]

このように考えてみれば、家族規範を説明変数として用いて人々の家族行動を理解、解釈しようとするという研究方法によって得られた社会学的知見の地位もまた不安定なものだということになる。家族の標準理論による家族規範の把握の仕方は、論理的にはこのような「問題」を帰結しうるものであるだろう。[*6]

3　標準理論批判と家族規範

家族規範を行為の説明変数として用いることがこうした方法論的な困難をもたらしうるにもかか

わらず、家族社会学はこの概念を使いつづけることによってその研究を成り立たせてきた。[*7] 家族規範は、家族社会学の対象である人々のさまざまな行為を何らかの秩序やパターンをもったものとして理解するための担保として位置づけられており、このことによって家族社会学研究は可能になっているとも言える。しかし、日本では、いわゆる近代家族論などの台頭により（落合 1989, 山田 1994）、家族社会学のパラダイム転換が論じられるようになった一九八〇年代後半以降、家族の標準理論の理論構制に対して異議申し立てがなされはじめ、そのような議論のなかで、標準理論と家族規範の関わりのありようが問題化されることになる。

この標準理論批判、家族社会学のパラダイム転換論において問題となったのは、研究者集団が有する知識・感情・価値観が、明瞭に認識されないままに背後仮説を形成するということであった。落合（1989: 144–145）は、パーソンズがその体系化に大きな役割を果たした集団論的な家族社会学は、「白人中流家庭の内的構造を扱い、それをしばしば規範的にとらえ」るものであり、「これこそが家族というものだと、近代家族の特徴を家族一般の本質に敷衍していくかたちで」、その通常科学化が推し進められたと述べている。しかし、このような集団論的パラダイムが前提としている背後仮説は、人類学・家族史・女性学からの批判、現実に進行する近代家族の変容にともなって、科学者集団のみならず一般の人々にとっても共有できないものとなりつつあり、そのことが集団論的パラダイムに深刻な危機をもたらしているとされる。そして、歴史的使命を終えつつある集団論的パラダイムを乗り越える可能性が、「当該社会の成員が暗黙にしたがっている『家族』規範を解釈」する解釈学的アプローチに求められるのである（落合 1989: 164）[*8]。

また、山田（1992）も、家族論にエスノメソドロジーの手法を取り入れる必要性について論じるなかで、落合の問題提起を受け継いだ議論を行っている。すなわち、集団論的な家族社会学は、「二〇世紀半ばのアメリカ中流階層の家族経験を反映して」いて、「『家族はこうあるべきだ』という規範が入りこんで」おり、「家族の分類の仕方とか家族問題の立て方、調査法のような分析手法にまで、『特定の家族のとらえ方』が色濃く反映している」ことが問題視される（山田 1992: 156）。

このように、家族社会学のパラダイム転換をめぐる議論において、家族の標準理論は、理論枠組み自体にそれが研究対象とするところの家族についての歴史文化的に特殊な規範が組みこまれているため、この枠組みを通しては現実の家族を適切に把握することができないという理由で、パラダイムの規範性が批判されていた。そして、そのパラダイムに代わるものとして、解釈学的アプローチを導入する必要性が議論されている。

しかし、家族についての特定の規範が理論枠組みに入りこみ、適切な認識を妨げるという考え方に立った時、家族の標準理論が与件としていたような家族規範を、より現代の状況に適合的な規範、より歴史文化的な拘束から自由な規範に取りかえることに、その解決策が見出されることになる。たとえば、集団論的パラダイムが有する前提を解除することによって、家族の普遍性や本質、本来的機能、内部での性別役割分業などを想定せず、分析の単位を集団から個人やネットワークへと移すことや、家族の多様性により肯定的な分析枠組みの必要性が主張される（落合 1989, 野々山 1996, 森岡 1998 参照）。

もちろん、こうした議論には大きな利点があるものの、標準理論の特徴の一つであった家族規範を行為の説明変数とする考え方がそこで論点となっているわけではない。したがって、前節で指摘したような標準理論における家族規範とその作用の同定をめぐる「問題」自体は、規範の内容のみが時代に合わせてアップデートされたままで残されることになる。*9

4　行為の構成要素としての家族規範

「汚染物」としての家族規範？

しかしながら、そもそも、社会学理論において、規範的パラダイムから解釈的パラダイムへの移行が論じられたときに主要な論点となっていたのは、規範を行為の説明変数とする理論構制のあり方であった（Wilson 1970）。*10 だが、家族社会学における標準理論批判およびパラダイム転換の議論においては、そのことの是非はほとんど問われないままになっている。先述した標準理論による家族規範の把握をめぐる「問題」は、家族規範を人々の家族にまつわる行為選択の説明変数として措定したことから生じている。したがって、社会における規範の作用についてのこのような前提を再検討することによって、家族規範について標準理論やその批判とは異なる仕方でアプローチする方法を構想することが可能になると考えられる。

社会学において、規範や価値、道徳と研究という実践との間の関係についてどのように考えるかについては、いくつかの異なる立場がある（Jayyusi 1991, Davydova & Sharrock 2003, 中河 2004）。家族社会学のパラダイム転換論のように、家族の標準理論を規範的であると見なし、その規範性、あるいは、それが依拠する規範の特殊性を批判の対象とする場合、そうした立場は規範的なものを研究にとっての「汚染物」と見なすものであると捉えられる（Jayyusi 1991: 228）。こうした立場にとって、規範や価値、とりわけ研究者の価値判断は価値自由的な科学的探求を行ううえで不必要であるばかりか、研究対象の適切な理解への障害となるものであるとされる。そして、このとき、研究者の規範や価値は、研究のトピックに対して「統制的な」働きをもつものとして概念化されてもいる（Jayyusi 1991: 228）。この規範と研究実践の間の統制的な関係は、それが研究者だけではなく行為者一般に適用されると、さまざまな規範が人々の行為選択を一定の秩序やパターンを有するものへと統制しているという標準理論の考え方と同型である。

家族／社会生活の根源的な規範性

それに対して、H・ガーフィンケル（Garfinkel 1964＝1989）が行った一連のいわゆる違背実験は、こうした規範や価値に対する考え方の問題点を指摘するものとなっている。[*11] ガーフィンケルの違背実験にはさまざまなものがあるが、家族についての議論と直接的に関連するのは、学生に自宅で自分が下宿人であると仮定したうえで、家族の活動を観察しつづけるという課題を与える実験である。ある学生は以下のようにその体験を報告している。

> 背の低い太った男が家に入ってきた。私の頬にキスをし「学校はどうだった」と尋ねた。私は愛想良く返事した。彼は台所に入って行き、二人の女性のうち若い方の女性にキスし、もう一人に「やあ」と言った。若い方の女性が私に「ねえ、夕飯は何がいい？」と聞いた。私は「別に」と答えた。彼女は肩をすくめ、それ以上何も言わなかった。年長の女性はぶつぶつつぶやきながら台所を動きまわっていた。男は手を洗ってテーブルにつき新聞を取り上げた。彼は二人の女性がテーブルに食べ物を並べ終えるまでそれを読んでいた。三人がテーブルについた。彼らは今日あった事についてくだらないおしゃべりをしていた。年長の女性が外国語で何か言い、他の者を笑わせた。（Garfinkel 1964＝1989: 46）

また、大半の学生は、このような観察態度を維持することに困難を感じたとも報告している。さらに、下宿人の態度をとると、家族内でのいさかいや口論、家族成員がお互いに抱く敵愾心が目についてしまうことが報告されるが、その場合、それは家族の真の姿ではなく、自分の家族は実際には非常に幸福なものであるといった主張がしばしば付け加えられる。学生たちは課題から解放されると安心し、「下宿人の態度から見えたものは、決して本当の家庭環境ではないと確信していた」という（Garfinkel 1964＝1989: 48）。「下宿人の態度をとることで見えてきたものは、学生達にとって、まったく偽りの姿」であり、「それはそれで興味深いものではあったが、実際的にはほとんど意味がないか、あるとしても混乱を招くものにすぎなかった」とされる（Garfinkel 1964＝1989: 48）。

ガーフィンケルのこの実験からまず確認されるのは、行為や関係を理解することが背後知識によって支えられていることである。ここでの学生による自分たちの家族についての報告がほとんどナンセンスなものであるのは、家族であれば共通に把握していることが期待されるような背後知識を利用せずに、報告を行うことを実験によって強制されたからである。下宿人としての態度をとろうとすることによって、通常であれば状況の理解に用いられるはずの知識を用いることができなくなる。「父」「母」「祖母」「親」「子」といった登場人物と自分との続柄、彼らの生活史やパーソナリティについての情報を参照することが控えられているために、学生たちによる報告は自分の家族についての記述としてまったく適切とは言い難いものになってしまう。

しかし、この実験が同時に示しているのは、われわれが日常的に行っている家族生活についての理解や記述は、先述のようなローカルな背後知識のみならず、より常識的な知識の利用を通じてこそ、適切なものとして可能になっているということでもある。そして、この常識的知識とそれを用いた現実理解は、道徳的、規範的な性質をもっている（Jayyusi 1991）。たとえば、先に引用した実験の報告に登場する人物は、おそらく学生の「父親」「母親」「祖母」、そして学生本人である「娘」の四人であると思われる。このとき、これらのカテゴリーの間には、さまざまな家族としての義務や権利が存在していることが規範的に期待される（Sacks 1972a＝1989;［1972b］1974）[*12]。そして、「母親」から夕飯に何を食べたいかと聞かれて、「娘」が「別に」としか答えないという事態は、そうしたカテゴリー間の義務や権利を参照することによってこそ、「娘が母親の質問にまともに答えようとしないのは問題だ」といったように適切に理解することが可能となる。同様に、三人がテーブルについて行っていた「今日あった事について」の「くだらないおしゃべり」も（Garfinkel 1964＝1989: 46）、これが「家族」というカテゴリー集合に属する人々の間でなされていることと、それら家族成員の間で行われることについての規範的な期待が参照されるからこそ、「どうでもいいことについて長々と話すこと」ではなく、「家族の団欒」として理解されうる。

つまり、「家族とはかくあるべき」「家族成員間の関係はかくあるべき」という家族についての道徳、すなわち家族規範は、家族に関わる自己や他者のふるまい（ここで特に取り上げられた報告においては、「夕食とその準備」）を適切に理解可能なものにするために不可欠なのである。言い換えれば、家族生活、ひいては社会生活を記述し理解するうえで、規範的知識を使用しないという意味において「客観的」であろうとすることはただただ不適切であるに過ぎない。

要するに、ガーフィンケルのこの実験によって示されているのは、道徳的な判断や規範が人間の行為の理解可能性と不可分に絡み合っているということである（Jayyusi 1991, Davydova & Sharrock 2003）。つまり、日常生活者であれ、社会学研究者であれ、彼らが物事を理解するために、何らかの道徳的基準、社会規範は不可欠なものであり、そのことからは逃れられない。事実的秩序と道徳的秩序は相互浸透しており、社会的出来事の構成はつねに道徳的な構成である（Heritage 1987）。したがって、規範や価値を現実の適切な認識のための障害であるとして、理論枠組みから切り離そうとすることはできない。むしろ、社会規範を通じてのみ、われわれは現実を理解し、他者に説明可能なものとすることができる。特定の理論枠組みがことさらに規範的なのではなく、われわれの社会生活や社会的行為、それについての理解が矯正不能な仕方で規範的なのである（Davydova & Sharrock 2003）。

人々は社会生活において、家族についての規範的な知識を参照することによって、自己や他者のふるまいを家族と関連づけたり切り離したりしながら、わけのわかるようなものにしており、こうした家族規範は彼らが観察している当の社会生活の一部となっている。学生たちによる不安の報告は、そのような規範的知識の利用が差し止められたことによって、ふだん行っているような仕方で家族生活について理解することが脅かされたことによるものであったと考えられよう。

そして、この場合の家族規範とは、家族の標準理論がそう捉えたように、人々の家族にまつわる行為を統制するようなものではない。「娘」のぞんざいな態度を非難したり、「家族の団欒」に加わったりといった行為は、家族に関わる規範の参照を通じてこそ有意味に行われる。つまり、家族規範は行為の構成要素として作用するのと同時に、行為者に参照されることによって、家族にまつわるさまざまな行為を可能にする資源として立ち現れてくる（Coulter 1989 参照）。規範とは、行為と独立に存在して行為に影響を与えるのではなく、何か行為が行われるときにその行為とともにあるものなのである（小宮 2007a）。[*13]

家族規範への「折り返さない」アプローチ

このように規範を捉え直すならば、家族の標準理論について、家族に関する特定の価値判断が「汚染物」として影響を及ぼしていることを取り上げて、その枠組みが「規範的」であることを批判する議論は、ある意味で標準理論と同じ水準にあって、家族規範と社会生活や行為との不可分な結びつきを取り逃がすものとなる。このことの含意の大きさを充分に踏まえることによって、「『価値』、『道徳性』、『規範的なもの』の領域を、単にふるまいや研究を統制するのではなく、その構成要素であるようなものとして」、把握することが可能になるのである（Jayyusi 1991: 237）。

家族規範を、さまざまな行為を可能にする社会規範の下位類型の一つとして捉え直すことにより、家族の標準理論による家族規範への接近にともなっていたような、家族規範とその作用の同定がはらむ不確定性の「問題」について別の視点から考えることが可能になる。そうした不確定性とは、研究者が当該社会の成員であり、彼らもまた自らの研究対象を理解するために何らかの社会規範を用いているし、そうする他はないということから生じている。彼らが行っている研究という実践も、社会生活を有意味なものとして理解する規範的で局所的な実践の一つであり、それゆえに、誤解であることがわかったり、他者から訂正を要求されたりする可能性に晒されている。彼らの研究実践が、このような意味で規範的な営みであることはすでに述べた通り不可避である。

しかし、重要なのは、「行為を理解し、記述することの難しさは、社会学者にとってだけでなく、さまざまな実践の参加者たちにとっても同様に生じうる問題」だということである（前田 2008: 22）。また同時に、そのような同定にまつわる「問題」は、人々が実際に行為をし、また他人の行為を理解しているなかでは解消されていたり、あるいは、そもそも問題にすらなっていなかったりもするということである（小宮 2007a）。つまり、規範の同定をめぐる「問題」は、日常生活においては、明示的に問題とされたりされなかったりしながら、人々によって何らかの仕方でそれなりに対処されているのである。このことを踏まえれば、人々が家族規範を用いて行っているさまざまな行為それ自体を明示的なトピックとしていくことが、家族社会学研究の一つのあり方として考えられる。そこでは、「私たちが規範をどのように用いて行為をし、また行為を理解しているのか、そのやり方自体」（小宮 2007a: 107）が探求の課題となる。

この視点からは、専門的な家族社会学者による研究とその知見も、人々の日常的な実践に包摂されて、それらが構成する記述のポリティクスのなかに置かれることになる。したがって、その知見において提示される家族規範やその作用の不確定性を特別の「問題」であるとする必要はなくなる。*14

中河（2004）は、エスノメソドロジーに代表される、社会学者の研究実践と自らの研究対象である人々の実践とを同じ水準に位置づける「折り返さない」アプローチについて、以下のように述べている。「事実と価値の区分の問題は、研究者の認識や記述実践などに差し戻されず、人々が特定の局域的（ローカル）な活動の中で、両者の区分を使ってどのように様々な出来事を成しとげるのか、という問いに置き換えられる」（中河 2004: 248）。このように、研究者が自ら規範的な理解を組み立てる作業に従事するというよりも、人々による規範的な理解に注目して、それが実際の活動においてどのような手続きでなされているのかを検討することが、家族規範への社会学的なアプローチとして可能なはずである。

5　相互行為における家族規範

概念に関する研究と経験的研究

それでは、人々が家族規範を用いるその仕方は、どのように把握することができるのだろうか。ガーフィンケルらによって展開されてきたエスノメソドロジー研究は、具体的な実践の詳細に即したかたちで、行為や場面が社会の成員によって説明可能なものとして編成されるその論理の探求を行ってきた（Coulter 1991）。そして、エスノメソドロジー研究においては、規範や価値も、その「使用中の論理」（logic-in-use）が解明されるべきトピックとなる（Jayyusi 1991: 235）。

人々が家族についての規範的論理を用いて社会生活を説明可能なものとするその方法を把握しようとすることは、通常の社会学が行っているような、経験的な調査によって社会現象に接近しようとすることとは、ある意味で大きく異なる。この違いは、P・ウィンチ（Winch 1958＝1977: 22）が、「経験的調査によってではなく、アプリオリな概念の分析によって解決されるべき」問題が社会科学において有する重要性について論じるときの、概念に関する研究と経験的研究の区別に対応している。*15 ウィンチによれば、われわれが使用している概念の解明という問題を取り扱う場合に、「われわれは経験的調査の結果を『待ち受けている』必要はない」（Winch 1958＝1977: 22）。

たとえば、現代アメリカの核家族は親族から孤立しているというパーソンズの有名な議論に対して、M・サスマン（Sussman 1959）は、インタビュー調査によって得られたデータに基づいて、核家族と親族の間にはさまざまな財やサービスの交換がなされているので、それは経験的に支持されないフィクションであると論じた。しかし、パーソンズが核家族の孤立性について論じているのが、「期待」の問題であり（Parsons 1965＝1967: 31）、「ノーマル」だと思われるような家族についてであったとするならば（Parsons & Bales［1955］1956＝2001: 27）、親族から援助を受けるような人間であってはいけないという規範的な論理とその作用には、実際に援助がなされているかをどれだけ経験的に調査してもアプローチすることができない。つまり、両者の議論はそれぞれが位置している水準が異なるのである。

この概念に関する研究が位置する水準において、規範は概念間の論理的な関係として定式化される。たとえば、エスノメソドロジー研究から派生した会話分析では、「質問―返答」、「挨拶―挨拶」、「提案―受諾／拒否」などの概念がそれぞれペアを形成するとされる（Schegloff & Sacks 1972＝1989: 186）。このとき、これらのペアの第一成分と第二成分の関係は、アプリオリな性質をもっている（Coulter 1983）。「質問」の次に一様に「返答」が続くわけではないし、それが決まった確率で生じるわけでもない。しかし、「質問」の後に「返答」が続かなかったり、「挨拶」が「挨拶」によって応答されなかったりしたら、その欠如は欠如として観察可能になる。つまり、「質問の後に返答が続く」ということは、「慣習的に」生じているのである（Coulter 1983: 365）。このように「質問―返答」のペアが慣習として存在すると主張することは、「いかなる意味においても、経験的な議論ではない」（Coulter 1983: 366）。それは、経験的な一般化ではなく、成分間の論理的関係を示すことであり、人々が発話行為を分節化するための規範的な原則の問題を論じることなのである。したがって、こうした規範に反すると思われるような例をいくら数え上げても、それはこうした経験に先だった議論を棄却することにはならない。また、場合によっては、そうした例においても、この規範は参与者に指向されており、この規範を利用することによって、それらの「変形」（variant）は秩序だったものとされているのである（Coulter 1983: 365）[*16]。

「家族」という成員カテゴリー化装置

これと同様のことが、家族規範についても議論できる。以下では、この点を、H・サックスによる「成員カテゴリー化装置」（membership categorization device）についての議論を用いて敷衍しておく（Sacks 1972a＝1989; ［1972b］1974）。

サックスが成員カテゴリー化装置という道具立てを用いて論じようとしたのは、人々がそれによって記述される言語的カテゴリーをめぐる問題である。誰であれ、特定の状況において、その人に帰属することが可能な「正しい」成員カテゴリーは、論理的にはつねに複数ある。一人の人間は、たとえば、「女性」「黒人」「カトリック」「ソーシャルワーカー」といったさまざまな属性によって特徴づけることができるのであり、彼女に特定のカテゴリーを帰属することは、さまざまな属性のなかから一つを取り出すことを意味している（Sacks 1992: 41)。そして、そうした選択は、その状況を「性別」「人種」「宗教」「職業」などのうち、いずれに関わるものとして理解するのかを示唆するものである。

サックスによると、「父親」「母親」「赤ちゃん」といった成員カテゴリーが「家族」というカテゴリー集合に包摂されるように、ある成員カテゴリーは他の成員カテゴリーとともにグループを形成している（Sacks〔1972b〕1974: 219)。[*17] また、カテゴリー集合のなかには、「夫―妻」「親―子」「友人―友人」のように、その間にある種の権利や義務が配分されていることを慣習的な知識として前提とすることが可能な成員カテゴリーがある。サックスは、こうした関係を互いにもつ成員カテゴリーのペアを、「標準化された関係対」と呼んでいる（Sacks 1972a＝1989: 107)。

さらに、「赤ちゃん」という成員カテゴリーを担う者には「泣く」という活動を適切に期待できるというように、成員カテゴリーとそれに慣習的に帰属させられる活動の間に結びつきがあることも指摘されている。サックスはこのような活動を「カテゴリーに結びついた活動」と呼んでおり、それが特定の成員カテゴリーとともに選択されると述べている（Sacks〔1972b〕1974: 222)。つまり、「泣く」という活動が「赤ちゃん」というカテゴリーを喚起するので、同じ状況を記述するにあたって、「赤ちゃんが泣いた」という記述が適切な記述であるのに対して、「男性が泣いた」とか、「メソジスト教徒が泣いた」とか、「てんびん座の人が泣いた」といった記述はたとえそれらのカテゴリー化が実際には正しいものだとしても通常の文脈では不適切な記述となる（Schegloff 2007: 470）。また、その後の成員カテゴリー化分析の展開においては、活動だけではなく、権利・義務・知識・属性・能力といったさまざまな「述語」（predicate）が成員カテゴリーとの慣習的な結びつき、「カテゴリー結合性」（category-boundedness）を有するものとして議論の拡張が行われている（Hester & Eglin 1997: 5）。

ここでの議論にとって重要なのは、このようなカテゴリー集合と成員カテゴリーの間、成員カテゴリーと成員カテゴリーの間、成員カテゴリーと述語の間に想定されている関係が規範的な含意をもっているということである（Housley & Fitzgerald 2002）。したがって、父親のいない家族や、当然であると思われる義務が履行されていない夫婦の存在によっても、この結合関係が否定されることはない。むしろ、そうした概念間の規範的な結合関係が、「うちにはお父さんがいない」「わたしの夫は冷たい」といった経験を、人々が組み立てる資源となっているのである（木戸・松木 2003: 24）。

つまり、この成員カテゴリー化装置についての議論で指摘されているのは、人々が出来事を自他にとって理解可能なものとする営みは、成員カテゴリー集合、成員カテゴリー、もろもろの活動などの述語の間の常識的かつ規範的な結合を通じて成し遂げられる成員カテゴリー化実践だということである。この議論を家族というトピックに適用するならば、ある出来事が家族に関わる出来事となるのは、「家族」という成員カテゴリー化装置の使用、すなわち、「家族」という成員カテゴリー集合、それに属するさまざまな成員カテゴリー、それらと結びついたさまざまな述語との規範的関係の使用を通じてのことである。そして、家族規範とは、この家族に関わるもろもろの概念どうしの論理的な結合関係のことに他ならない。

概念間の論理的関係としての家族規範

「子どもを育てるのは親の責任である」という規範、「長男の嫁は夫の両親と同居する」という規範、「家族には愛情がなければならない」という規範といったように、家族規範はさまざまな家族に関わる概念と概念の論理的な関係として示される。そして、言うまでもなく、われわれはこうした家族規範に一様にしたがっているわけではない。これらの規範に合致すると見なせないような事例をわれわれの社会に見出すことは容易であるし、そのことが「家族の危機」を示すものとされる場合もあるだろう。しかし、そうした事実をどれだけ経験的な手法で列挙しても、これらの規範の存在が否定されたりはしない。むしろ、このアプリオリな家族規範は、われわれの家族についての経験を理解可能なものとして組み立てるにあたっての前提であり、現代の家族には愛情が欠けていると理解したり述べたりすることは、愛情がなければならないという規範によって可能になっているる。つまり、こうした家族規範がわれわれの行為を統制しているというよりは、ある概念とある概念が結びつくという常識的知識の規範的な連関のなかに、われわれの経験や行為が埋めこまれているのだ。

一方では概念どうしのアプリオリな連関に埋めこまれながら、他方で概念間の慣習的なつながりをその場その場に応じた仕方で用いることによって、われわれの家族に関わる現象についての理解は組み立てられている。そして、人々が家族規範を用いて、場面や自他のふるまいを説明可能なものとしていくそのあり方は、会話分析が会話の規則をそこに見出してきたのと同じく、主に言語に媒介された相互行為的な実践として観察することができるものであろう。たとえば、夫婦の間で何げなく行われている会話においても、「夫婦間の関係は他の人間関係より優先される」「夫婦はお互いのことをいたわりあうべきである」といった家族に関する成員カテゴリー、カテゴリー集合、それらと慣習的に結びついた述語との間の規範的なつながりを通じて、その発話の連鎖が秩序だったものとして組み立てられていることが見出される（木戸・松木 2003）。もちろん、いわゆる「家族生活」を組み立てるために用いられる規範がつねに家族に関する規範であるわけではないが（木戸・松木 2003）[*18]、他方では、「公的な」場面を説明可能とする行為が家族規範に支えられているということも現代社会では頻繁に生じているものと思われる（Gubrium & Holstein 1990＝1997）。序章および第1章で論じておいたように、「ケアの社会化」が進展しつつある現在の日本社会では、各種の福祉領域をそのような事態が生じている状況の一つとして挙げることができるだろう。

そして、カテゴリーどうしの結びつきやその使用のされ方は、状況に応じたヴァリエーションをもつという意味において経験的なものであるからには（Schegloff 2007）、こうした状況における概念の使用の解明は、あくまで主として言語に媒介された相互行為についての経験的な具体例に即してなされる他はないものである。すなわち、それはたとえば福祉領域において、家族に関わる概念が用いられる想像上の事例を用いて行われるわけにはいかない（西阪 2000 参照）。しかし、繰り返し述べておけば、これは経験的一般化を行って、何らかの命題をつくろうとすることとは異なる。その経験的な具体例は、会話分析におけるトランスクリプト・データがそうであるように、何かしら新たな発見を提供するためのデータというよりは、すでにわれわれがよく知っているにもかかわらず、通常は可視化されることのない事柄に焦点を当てて、概念間の関係やその使用のされ方を「思い起こさせるもの」（reminder）としての役割を果たしている（Coulter 1983: 367）。

本書では、子育て支援者たちの自らの実践や経験についての語りが考察の対象となる。それらの語りは、以上のようなエスノメソドロジー研究の発想から学びつつ、子育て支援者たちがインタビュー場面において、自らの実践と経験を説明可能なものとするにあたって、どのような概念をどのように用いているのかを特定していくための題材として捉えられている（鶴田・小宮 2007）。その考察は、支援者たちの実践と経験を理解していくことであり、同時に、それらを産出する前提となるしばしば家族に関わる概念の規範的な連関を思い起こしていくことでもある。こうしたアプローチを採用することによって、たとえ考察の対象となっているのが私的領域で生じていることではなくとも、家族規範がわれわれの社会生活のなかでいかなる位置を占めているのかを問うていくことができるだろう。

6　家族変動と概念の用法の変化

家族をめぐる理解可能性の変容

本章では、家族規範を社会生活の理解やそのなかでのさまざまな行為を可能にする概念間の論理的関係として捉え直すこと、そして、相互行為における実際の使用に即してそれを把握していくアプローチを提示することを試みてきた。このようなアプローチは、あるいは、従来の家族社会学の問題構制とは関連の乏しいものであるように思われるかもしれない。しかし、本章の冒頭で述べたように、家族規範が家族社会学にとって重要な概念であることを考えれば、従来の家族社会学とは異なる仕方で家族規範にアプローチする本章の構想は、家族社会学の可能性をより豊かにするものである。[*19] このことは、これまでの議論が家族変動を対象とするものへと拡張されることで、さらに明確になるだろう。

サックス（Sacks 1979）は、改造車に乗って公道でレースをする若者たちに帰属される「ティーンエージャー」と「ホットロッダー」という二つのカテゴリーを対比しながら、前者が大人から若者たちに適用されるものであるのに対して、後者が若者たちによって自らをカテゴリー化するのに用いられているという意味で「革命的なカテゴリー」であると論じた後で、以下のように述べている。「社会変動の重要な問題とは、それがどのようなものであれ、カテゴリーの集合およびそれらの使用のされ方、集合の構成要素となるカテゴリーについて何が知られているかを明らかにすること、そして、カテゴリー適用規則の変化やカテゴリーの特性の変化を扱うことを必要としていると思われる」（Sacks 1979: 14）。ここでサックスが指摘しているのは、カテゴリーの変化をめぐる問題が社会学にとって問うに値する問題であるとともに、社会変動の問題とはカテゴリーの問題だということである。[*20]

これまで繰り返し論じてきたように、このような「諸カテゴリーの概念上の関係」がわれわれの「経験の前提にあってその経験を支えている」ことを考慮するならば（西阪 2001: 13）、それが変化することの含意の大きさは明らかであるだろう。サックスが、成員カテゴリーの適用規則について論じる際に、「見る者の格率」（Sacks［1972b］1974: 225）や「聞く者の格率」（Sacks［1972b］1974: 219）といった表現を用いているように、成員カテゴリー化装置の用法の変化は、われわれが出来事について見たり聞いたりするその仕方、すなわち、経験の理解可能性の水準で変容が生じることを意味する。[*21]「概念の入手可能性の変容は、存在のあり方と経験や実践の可能性の変容」なのである（浦野 2007: 117／Hacking 1995＝1998 も参照）。

本章の冒頭で述べておいた通り、直系家族制と夫婦家族制をめぐる議論であれ、家族の多様化論や個人化論であれ、家族変動は家族形態や人々の家族行動の変化のみならず、家族規範の変化を含んだ現象として捉えられてきた。本章で提示した視点からすれば、この家族規範の変化とは、「家族」という成員カテゴリー化装置の使用のされ方の変化を意味している。つまり、「家族」というカテゴリー集合がどのような成員カテゴリーを含むのか、その成員カテゴリー間にいかなる関係が期待されうるのか、どのような述語が家族に関する成員カテゴリーとどのように結びついているのか。これらの概念の論理的な関係の変化が、家族規範の変化として家族変動の重要な一部を構成している。

たとえば、現在、多くの社会で実際に生じているように、離婚や再婚が増加すれば、多数の「ひとり親家族」や「ステップファミリー」が出現することになる。しかし、その一方で、われわれのカテゴリー化実践において、「家族」というカテゴリー集合は一組の「父親」と「母親」のみを含むものとして使用されつづけているように思われる。であるからこそ、「子ども」が電話で「お父さんはいま家にいません」と言ったときに、われわれは「じゃあ、お母さんは？」と適切に問うことができるのであり、また、「僕にはお父さんがいない」という記述を特別な事実の報告と受けととることもできる（Kitzinger 2005 参照）。

しかし、現実の「ひとり親家族」や「ステップファミリー」の増加などを一つの契機として、われわれのカテゴリー化実践の方法が変化することで、「父親」あるいは「母親」がいない「家族」や複数の「父親」および「母親」が存在する「家族」が「例外的なケース」ではなく当たり前のものとなるならば、そのときにこそ、われわれの家族についての実践と経験のあり方は決定的に異なったものとなる。それは「父親（母親）がいない」ことをめぐる実践と経験の理解可能性の水準における変容である。家族社会学研究が家族変動について論じるにあたって、このような理解可能性の水準における変容への注目は不可欠であるはずである。

そして、この変容は人々が社会生活において、どのような家族規範をさまざまな方法で用いたりあるいは用いなかったりしながら、自らの実践と経験を組み立てているのかという問いの探求を通じて把握されるべきものである。たとえば、家庭外での長時間にわたる子どもへのケア提供や、同性愛者によるカップルの形成、「非婚」の夫婦生活など、家族の「危機」や「揺らぎ」を象徴するとされるような出来事であっても、それに関わる実践や経験はわれわれにとってふつうに理解可能な家族規範によって成り立っているのかもしれない。つまり、これらの「新奇な」現象が、はたして現代社会に特有の家族規範によって組み立てられているのかどうかということは、それ自体、経験的な題材を用いた概念の使用の解明を通じて検討される必要がある（田渕 1999 参照）。

本章で提示した家族規範へのアプローチは、家族規範が弛緩したり相対化されたりしつつあることを結論する前に、それを人々による具体的な文脈における使用のなかに差し戻したかたちで問うことを要求する。この構想は家族の標準理論やそれへの批判とは異なる視点から、現代社会における家族の位置について再考する方法を家族社会学に提供しうるものであるだろう。

規範的論理の二重化状況再論

ここに至って、前章で指摘した家族と子育てをめぐる規範的論理の二重化状況とその含意を、本章で提示した視点から改めて定式化することができる。一九九〇年代以降の「支援の論理」の登場は、「子育て」や「家族」について理解するに際して、「家族」の「子育て」を「支援する」、「社会」が「子育て」に責任をもつといった概念どうしの新たな連関を用いる可能性を開いた。このことは「子育て」を「支援する／される」という新たな実践や経験を生み出すことで、ひいては、「子育て」や「家族」をめぐる実践や経験のあり方を変えていくとも考えられる（前田 2009 参照）。しかし、それと同時に「子ども」や「子育て」という概念が、「母親」や「父親」などの成員カテゴリーとの結びつきを維持していることもまたたしかであるように思われる。このことはクルター（Coulter［1996］2001: 38）が言うところの「代名詞置換テスト」を行ってみれば明らかである。これはある活動がカテゴリーと結合しているかどうかを、その活動の主語を代名詞に置き換えても、主語となるべきカテゴリーが推測されるかどうかによって判断するというテストである（石井 2009）。たとえば、「彼は自殺した」「彼女は作業の邪魔をした」という記述から、特定のカテゴリーは推測されえない。したがって、「自殺する」「邪魔をする」は「カテゴリーに開かれた」活動である（Coulter［1996］2001: 38）。これに対して、「彼女は子育て中である」とか「彼の育児は大変な経験だった」といった記述において、われわれは子どもを育てている「彼女」が「母親」であること、大変な育児を経験した「彼」が父親であることを自然に指摘することができる。これは「子育て」という概念が「家族」という特定のカテゴリー集合のなかの成員カテゴリーと結びついた活動でありつづけていることを示唆している。

したがって、家族と子育てをめぐる規範的論理の二重化状況とは、以下のような事態に他ならない。すなわちそれは、「家族」というカテゴリー集合のなかに属する「母親」と「父親」などの成員カテゴリーが、「子ども」という成員カテゴリーや「子育て」という述語との間に有する義務や責任を通じた特別な結びつきが維持されている一方で、「子ども」や「子育て」と「家族」との排他的な結びつきが部分的にはほどかれて、別様の結びつきを利用することも可能になっているという状況である。むろん、そもそもわれわれの概念使用はその都度の相互行為の展開に決定的に依存した偶発的なものであり（Coulter 1983，石井 2009）、それゆえにきわめて多様なものでもあるけれども、現在の子育てやその支援をめぐる言説の布置連関は、それを実践し経験するにあたって、大別すれば二通りの方法を利用可能にしていると思われる。[*22]

以下、第4章から第6章において、子育て支援者たちがその語りにおいて、実際にいかなる概念や論理をどのように用いているのかを記述していく。この記述を通じて、彼女たちの実践と経験を理解するとともに、近代的な公的領域と私的領域の区分の再編による帰結とも捉えられる「子育て支援」という領域における実践と経験が、「家族」と「子育て」をめぐる概念間の新しい連関と非連関によって支えられているそのありようが検討される。以上のような視点から、家族をめぐる規範の持続と変容にアプローチすることで、現代家族の近代性と脱近代化の問題について一定の見通しを得ることを目指すものである。

注

＊1――しかし、チール（Cheal 1991）自身も述べていることだが、家族の標準理論の斉一性はあまり誇張されるべきではない。パーソンズの家族論が、最も影響力をもっていた時代においても、パーソンズに対する批判が存在しなかったわけではないし、その枠組みを踏襲した研究が実際にどれだけなされていたかについても検討の余地があるだろう（伊勢田 2004 参照）。こうした事情は日本においても、概ね同様である。パーソンズの家族論やそれが象徴するような学的状況は、現在の「多元化した」状況について説明する際のレトリックの材料となっている側面が多分にあるとも考えられる。ここでは、チール（Cheal 1991: 7）にしたがって、

ビッグ・バン以前の状況を「合意」というよりも「収斂」によって特徴づけられるものと把握している。

＊2――ここでの「説明変数」とは、家族規範が行為を因果的に説明するにあたっての原因として位置づけられることを指す表現であって、実際に計量社会学的な家族研究において、家族規範が「説明変数」として用いられるということを主張するものではない。むしろ、そのような研究においては、家族規範が被説明変数となる場合も多いだろうが、そこでも人々の家族にまつわる行為は家族規範との因果関係のもとで把握されていることに変わりはない。

＊3――ただし、直系家族制から夫婦家族制への転換説の「代表者」（落合［1994］2004: vi）とされる森岡の家族変動論は、類型・典型・分類という独自の区別を踏まえて（森岡・望月 1997）、直系家族制と直系制家族、夫婦家族制と夫婦制家族とをそれぞれ区別するかなり微妙なニュアンスを含んだものである。さらに、森岡による議論は何度か立場の変更がなされているようにも思われる。この点については、自分の家族変動論は「家族形成プログラム」を問題としたものであるという比較的近年の記述も参照されたい（森岡 2005: 271）。

＊4――ここで議論しているのは、あくまで説明変数としての家族規範と家族にまつわる行為との結びつきをどのように同定するかという問題である。したがって、たとえば質問紙調査において特定の規範への賛否を問うたりすることや、その結果を調査対象者の属性ごとに比較したりすることの独特の意義を否定しようとするものではない。

＊5――とはいえ、実際に結婚後に両親と別居している調査対象者に、その理由を尋ねて、「結婚したら、別々に住んで独立した生活をするのがよいと思ったので」という回答を得られた場合、夫婦家族規範が別居という選択に作用していることは疑う余地のないものであるように思われるかもしれない。しかし、やや論点を先取しておくと、このような場合においても、家族規範は、家族の標準理論の想定とは異なる仕方で、つまり、「理由を与える実践」を支えながら示されるものとして作用していると考えることができる（Coulter 1989:

5)。そして、そのような家族規範の言わば遂行的な働きこそが本章の主題である。ここでは、さしあたり、そうした働きが標準理論の射程外にあるということを確認しておきたい。

＊6――ただし、それが実際に「問題」となるのは、専門的な家族社会学研究の実践などのかなり特殊な文脈に限定されることではあるだろう。この点については4節で後述する。

＊7――家族規範という概念が明示的に用いられているかどうかは重要ではない。ここで問題とされているのは、何らかの規範や理念、価値が人々の家族行動を統制しているという家族社会学研究に広く認められる考え方である。

＊8――具体的な方法としては、「外的視点」に比重を置いてルールを事実として観察するという人口学と社会統計法、「内的視点」に比重を置いて生きられるルールを意味論的に解読するというエスノメソドロジーと記号学などが挙げられている（落合 1989: 164)。

＊9――そして、この際、社会成員がしたがっている家族規範の解釈を行うという解釈学的アプローチは、このアップデートや既存のパラダイムの歴史文化的な拘束性を暴露するための手段として、重要な位置を与えられているに過ぎないようにも思われる。

＊10――T・ウィルソン（Wilson 1970）の整理によれば、規範的パラダイムを特徴づけるのは、第一に、相互行為を本質的に規則に支配されたものであるとする考え方、第二には、社会学的説明は自然科学と同様、演繹的形式をとるべきであるとする考え方である。これに対して、解釈的パラダイムは相互行為を解釈過程と見なして、その過程自体を研究しようとするものであるとされる。

＊11――石井幸夫（1997）は、ガーフィンケルやエスノメソドロジー研究の主張の核心がもっているラディカルさは、解釈的パラダイムと規範的パラダイムの対立のなかに置かれることで失われてしまうと指摘している。ここではガーフィンケルの議論およびエスノメソドロジー研究を解釈的パラダイムの一部として位置づける

のではなく、社会における規範的なものおよびそれに対する社会学的アプローチについて、家族の標準理論とは異なる考え方を提起しているものとして、その洞察の意義を検討することを試みている。

＊12——H・サックス（Sacks 1972a＝1989; ［1972b］ 1974）による成員カテゴリー化装置に関する議論については5節で後述する。

＊13——小宮友根（2007: 106）は、行為を可能にするものとして規範を捉え直していく作業のなかで、「規範が行為を制約するように感じられるのはむしろ、私たちがそのように規範を用いており、それゆえふさわしくない行為をすれば非難される可能性があることを理解していることの効果」であると述べている。

＊14——小宮（2011）が、行為と規則の関係について論じているように、「規則の意味は、その解釈によってではなく、実際におこなうことにおいて示されている」（小宮 2011: 166）のであり、「規則がいかようにも解釈できるように見えたのは、この『実際にやること』を離れた場所で規則の意味を考えようとすることから生じてくる誤りにほかならない」（小宮 2011: 167）。同様に、本章の第2節で家族の標準理論の「論理的帰結」として提示したように、家族規範がいかようにも解釈できるように思われたとすれば、それは人々が家族規範を用いて行っているもろもろの実践から離れた場所でその意味を考えようとすることから生じる誤りである。

＊15——社会学における概念分析の意義については、J・クルター（Coulter 1979＝1998; 1989; 1991）が論じている。また、西阪仰（2000; 2001）や前田泰樹（2008）が、エスノメソドロジー的な概念分析を経験的なデータを用いた相互行為分析として行うことの有効性を論証している。

＊16——たとえば、以下のようなやりとりを検討してみればよい（小宮 2007b: 136）。

A：佐藤さんに会ったのは昨晩が初めて？

B：誰に会ったのが？

Ａ：佐藤さん
Ｂ：そう、初めてだよ。

このとき、最初のＡによる質問が次のターンでＢによって応答されていないからといって、ＢはＡの質問を無視しているわけではない。むしろ、Ｂは質問に答えるために必要な情報を聞き逃したのでそれについて質問しているのであり、Ａもそれを理解したからこそＢの質問に答えている（小宮 2007b）。つまり、「質問」と「返答」の規範的な関係は、この会話においても二人の参与者たちによって気にかけられているのである。

＊17――ただし、カテゴリー集合にどのようなカテゴリーが含まれるかは文脈によって異なっており、たとえば、「父」や「娘」と並んで「一塁手」という成員カテゴリーが「家族」に含まれることや、「母親」が「家族」以外のカテゴリー集合の要素となることもありうるだろう。成員カテゴリーを集合へとまとめあげるのはメンバーによるその使用の実践であり、成員カテゴリー化装置は脱文脈的なものではなく、つねに状況づけられた実践的達成である（Hester & Eglin 1997）。

＊18――たとえば、家族生活のなかで交わされる会話においても、他の日常的な場面での会話と同様に、会話の順番交替の規則が参照されているだろうが（Sacks Schegloff & Jefferson 1974＝2010）、この規範は少なくとも直接的には家族についての規範ではない。

＊19――グブリアムとホルスタイン（Gubrium & Holstein 1990＝1997）は、家族を人々が日常生活の諸側面に意味を付与するために用いる観念・イメージ・術語の集合として研究することを推奨している。このことは、本書と同様に、典型的な家族社会学とは異なる事柄が研究の対象となることを示唆する。すなわち、彼らのエスノメソドロジー的な指向をもつ構築主義的家族研究の対象となるのは、人々が家族について語ること、家族言説であり、そうした家族言説を通じて、世帯内に限らずあらゆる場面で、人々によって家族の意味がど

のように組み立てられているのかという社会的プロセスを理解することが研究の目的となる（Gubrium & Holstein 1993, Holstein & Gubrium 1994）。彼らの研究のこうした方向性は、本書の議論とその関心を大きく共有している。

＊20——エスノメソドロジーの視点から社会構造や「マクロ社会的」なものが議論されるときに言及されるのが成員カテゴリーのアイデアであることと（Coulter 1982; ［1996］2001）、伝統的な社会学において社会変動が社会構造の変化として概念化されていることを考えれば（富永 1996）、社会変動を成員カテゴリー化装置の使用のされ方の変化として捉えることは、エスノメソドロジー的な関心と伝統的な社会学の関心を縒り合わせる一つの可能な理路であろう。ただし、そもそも両者における社会構造の概念化が大きく異なっていることや、エスノメソドロジー研究が「ミクロ—マクロ」の二分法およびそのなかで自らを前者に位置づけることを拒否している点には注意が必要である（Sharrock & Watson 1988）。

＊21——もっとも、サックス（Sacks ［1972b］ 1974）がこれらの言葉で指しているのは、成員カテゴリー化装置の適用規則一般ではなく、より特定された規則である。具体的に言えば、「見る者の格率」は、「もしメンバーがカテゴリーに結びついた活動がなされるのを見たならば、そして、もしそれがその活動が結びついているカテゴリーのメンバーによってなされていると見ることができるのであれば、そのように見よ」というものである（Sacks ［1972b］ 1974: 225）。

＊22——したがって、規範的論理の二重化という状況理解も、規範の作用を統制的なものとして把握しているのではなく、現実理解や行為を可能にするための方法が二通り存在することを指摘するものである。

第3章

インタビュー調査の概要
——子育て支援の三類型

1　子育て支援の三類型

次章以降では、さまざまなかたちで子育て支援の提供に携わる人々に対して、筆者が過去一〇年にわたって断続的に行ってきたインタビュー調査から得られた語りを検討していく。本章では、それに先立って、本書が基づいているインタビュー調査についてその概要を示しておく。

筆者による子育て支援の提供者へのインタビュー調査は、実施の時期は前後するものの、その対象者が提供している支援のタイプによって、三つに分類することができる。すなわち、子育てに必要なケアを公的に支援・保障するタイプの子育て支援は（下夷 2000 参照）、①施設型支援、②家庭型支援、③ひろば型支援の三つに分類することができる。

施設型支援とは、保育園や認定こども園、その他各種の施設で子どもにケアを提供する支援のことを指す。現在の日本の子育て支援施策では、この支援形態が主流であり、第1章でも述べたように、これらのサービスの多様化や長時間化が図られつつある。

次に、家庭型支援とは、支援の提供者が自らの家庭で、利用者の子どもにケアを提供するタイプの支援のことを指している。二〇〇八年の児童福祉法改正により法律上の位置づけを与えられ、その拡充が目指されている家庭的保育事業、いわゆる「保育ママ」事業や、その他にはファミリー・

サポート・センター事業などもこれに該当する。

最後に、ひろば型支援とは、一般的には「子育てひろば」などと呼ばれる、地域の子育て家庭が親子で集まって子育てにまつわる日常的な経験や悩みを分かち合うことができる場所を提供するものである。従来の「地域子育て支援センター事業」と「『つどいの広場』事業」を再編するかたちで二〇〇七年度から創設された「地域子育て支援拠点事業」が代表的なものである。このタイプの支援は、前述の二つと異なり、就労しながら子育てをすることの支援よりも、在宅子育て家庭を主要な対象として、親子が近隣の人々と多様なネットワークを形成することを促すという側面に重きが置かれている。

このような分類は、必ずしも一般的なものではないが、現在の子育て支援サービスを包括的に理解するうえでは、有効なものであると考える。そして、これらの三つは支援の性質やそれが提供される状況がかなり異なっているため、子育て支援に携わる者の実践や経験を広く把握しようとするうえでは、少なくともこの三つのそれぞれを対象とした調査を行う必要がある。以下では、この三類型にしたがって、筆者がこれまでに行ってきた子育て支援者を対象とする調査について整理しておく。

2　施設型支援の調査

まず、施設型支援の調査に該当するのは、東京都西郊の某市にある子ども家庭支援センター「キサラギ」で働く五名の支援者を対象とした調査である。[*1] 現在、子育て支援に関わる事業を行っている施設は数多いが、この調査では、夜間まで家庭外で子どもにケアを提供する支援サービスとして、「キサラギ」で提供されているトワイライトステイに注目した。[*2]

「キサラギ」のトワイライトステイは、共働きなどの事情で保護者の帰宅が遅い家庭の子どもを、食事の世話を含めて午後五時から午後一〇時まで預かるというサービスであり、筆者がボランティアのスタッフとして観察した限りでは、平日には約五人の大人がおよそ一五人から三〇人の子どもの世話をしていた。主に保護者の仕事上の都合を理由として、夜遅くまで家庭外で子どもへのケア提供を行うこのサービスは、子育て支援サービスの拡充によって、子どもへの家庭外での公的なケア提供が長時間化あるいは恒常化しつつある状況の典型的なものであると捉えられる。そして、これはまさに菅原（2002）のような「育児の社会化」を批判する者による危惧の対象となっていた状況であり、今後、施設型支援によるサービスの多様化や長時間化が進行するならば、より広範に生じることになる状況でもある。

筆者は二〇〇〇年九月から二〇〇四年六月まで、ボランティアのスタッフとして、「キサラギ」のトワイライトステイに断続的に参加していたが、二〇〇三年一一月から二〇〇四年三月にかけて、トワイライトステイを担当する五名のスタッフの方にインタビュー調査を行う機会を得た。五名の対象者は年齢や職員としての地位にはばらつきがあるが、筆者が観察した限りでは、調査時点において、この五名が日常的にトワイライトステイを担当する主要なメンバーであるように思われた。

インタビュー調査は、それぞれの対象者について一回ずつ、約一時間をかけて、「キサラギ」の相談室で行われた。半構造化面接法を用いて、「この仕事を始めるまでの経緯」「この仕事を選んだ動機」「この仕事をしていてよかったと思うこと」「この仕事をしていてつらいと思うこと」「子どもとの関係で心がけていること」「子どもの家族との関係で心がけていること」などの質問項目を中心に、「キサラギ」で働くなかでの経験についてお話しいただいた。

3　家庭型支援の調査

続いて、家庭型支援の調査としては、二〇〇五年一一月から一二月にかけて行った川間さんへのインタビュー調査が最初である。川間さんは一九八七年から東京都北部の某市で家庭福祉員、いわゆる「保育ママ」の仕事を始めており、「川間家庭保育室」という名称で、自宅で子どもに保育を提供していた。[*3] また詳しくは後述するように、川間さんは「さつき」という育児サークルの主催者でもある。

家庭福祉員制度の詳細は東京都内でも自治体によってかなり異なるが、典型的には、一人の家庭福祉員が三人までの三歳未満児を午前八時三〇分から午後五時まで自宅で預かるという制度である。ただし、補助者がいる場合には、定員を五人に拡大している自治体も多い。資格要件については、保育士や教員などの資格を必須とする自治体と、子育て経験があれば研修を受けることによっても認定を与えている自治体があった（多摩地区家庭福祉員の会 2008, 東京都家庭福祉員の会 2008）。[*4]

川間さんへのインタビュー調査は、合計三回、いずれも約一時間をかけて、川間さんの自宅で行われた。なお、そのうちの一回については、サポーターと呼ばれる「さつき」のスタッフの方一名と一緒にお話をうかがっている。質問は「保育ママ」としての仕事と「さつき」での活動を一括するかたちで行い、質問項目や質問の方法には「キサラギ」での調査から大きな変更はない。ただし、「キサラギ」でのインタビュー調査による経験を踏まえて、家族の育児責任に関連する項目をこの調査から追加するようになった。

筆者はこの川間さんへのインタビュー調査をきっかけに、「保育ママ」による子育て支援に関心を抱くようになった。その後、川間さんを通じて、家庭福祉員によって構成される任意団体である「多摩地区家庭福祉員の会」および「東京都家庭福祉員の会」から会員の紹介を受けて、東京都の家庭福祉員に対してインタビュー調査を行った。

このインタビュー調査は二〇〇八年四月から九月の間に、約一時間から六時間をかけて、合計三五名の家庭福祉員を対象に実施した。ただし、一度に一人から四人の対象者に対して調査を行ったため、対象者の合計は三五名であるが、インタビュー調査を実施した回数は二三回である。ほとんどの調査は対象者が保育を提供している自宅で行われたが、近所のファミリー・レストランを利用した場合もある。なお、質問項目には、先述の調査で用いられたものだけではなく、子どもへのケアが施設ではなく家庭で提供されることをどのように捉えているか、「保育ママ」に求められる専門性とはどういうものであると思うかなどを問う項目を追加している。

調査対象者の選定にあたって、「多摩地区家庭福祉員の会」および「東京都家庭福祉員の会」から会員の紹介を受けたため、対象者は二名を除いて全員がこれらの会の会員である。これらの会は会員間の交流や情報交換、保育に関する講習会の開催などを主な活動としており、「保育ママ」による子どもへのケア提供については、個人によって家庭で行われるがゆえの閉鎖性が危惧されることもあるなかで、本調査の対象者は比較的、同業者との交流や情報交換、保育についての新たな知識の獲得、ひいては家庭福祉員としての仕事自体に積極的な者が多くなっていると想定される。[*5]

4　ひろば型支援の調査

最後に、ひろば型支援の調査について整理しておく。まず、先述した川間さんが主催する育児サークル「さつき」の調査がこれに該当する。「さつき」は一九八五年にその前身である「赤ちゃんと遊ぶ会」が、乳児とその親どうしの交流の場を提供するために、川間さんによって立ち上げられ、その後、現在のものへと名称が変更されながらも、自主的に運営が継続されている。「さつき」の主たる活動を構成しているのは、毎週一回、決まった曜日に午前一〇時半から、川間さんの自宅内の図書室や庭で、〇歳児から幼稚園入園前までの子どもを連れた母親が集まって行われるプログラムであった。[*6] プログラムは、体操から始まり、絵本当番の母親による絵本の読み聞かせ、遊び当番による手遊びや工作などが行われた後、スピーチ当番の母親による話題提供とそれをめぐる参加者間でのディスカッションが行われる。その後、二階のリビングで参加者がもち寄った昼食をとってから、自由解散となる。[*7]

調査対象者となったのは、主催者である川間さんと現在はサポーターとして「さつき」の活動に関わっている三人のOGである。インタビューは二〇〇五年一一月から一二月にかけて、すべて川間さんの自宅において、前述のように、川間さんには合計三回、いずれも約一時間をかけて行われた。ただし、そのうち一名はサポーターのうちの一名と一緒に行っている。さらに、三名のサポーターの方には約一時間ずつ、個別にインタビュー調査を行っている。質問項目は、前節で川間さんへの調査について記述した通りである。*8

さらに、埼玉県南部の某市で子育てに関わる活動を行っているNPO法人でも調査を行った。このNPO法人は、子育てサロン、子育て家庭への訪問事業、子育て電話相談、情報誌の発行など、子育てを支え合うネットワークをつくる多様な活動を地域で展開しているが、ここで対象者となったのは、市から「つどいの広場事業」として委託を受けて二〇〇四年から開始されたおやこ広場「つばきの家」で働く七名のスタッフである。「つばきの家」は、「〇才から行ける、親と子のもうひとつのお家」となることを理念として、平日および第三土曜日の一〇時から一六時まで、親子が気軽に立ち寄ることのできる居場所を提供しようとするものである。利用は無料であり、ノンプログラムの日が多いが、歌や手遊びなど簡単なプログラムが用意されている場合もある。

七名の対象者へのインタビュー調査は、二〇一〇年六月に、某市の地域センターおよび公民館の会議室で、それぞれの対象者について一回ずつ、いずれも約一時間かけて行われた。なお。対象者はいずれも「つばきの家」が開設された当時からのスタッフであり、スタッフ歴は六年と歴史の浅いこの領域においては「ベテラン」の範疇に入ると言ってよい。質問項目は、これまでの調査とほぼ共通したものを用いているが、家庭福祉員への調査から得られた語りの検討を踏まえて、親を支援することや子育て支援の専門性について対象者がどのように捉えているのかを問う項目を追加している。

5　語りの位置づけと調査の限界

次章からは、これらのインタビュー調査によって得られた語りを題材として、子育て支援の提供者たちが、その子育てを支援するという実践と経験について何を語るのか、自らの実践と経験を理解可能とするために「家族」や「子育て」に関わるいかなる概念間の連関、規範的論理を用いているのかを検討する。このような検討を通じて、私的なものとして行われることが前提とされてきた子育てに対して、家族の外部にある者が支援を行うという実践と経験がどのようなものであるのか、そしてそれがどのような論理のもとで組み立てられているのかを明らかにしようとするものである。

このとき、インタビュー調査は、調査対象者の実践と経験にアプローチするための手段であるとともに、人々がそこで文化的な知識を利用する相互行為的な出来事として捉えられている。インタビュー調査という出来事において、対象者たちはインタビュアーである筆者によって、子育てを支援することにまつわるさまざまなトピックについて語ることを促される。インタビューによって得られた語りとは、対象者がそれらのトピックについて有意味な記述をなそうとする実践によって、状況づけられたかたちで産出されたものである（Baker 1997; 2002）。筆者による問いかけや促しによって生み出された子育て支援をめぐる語りは、対象者たちが自らの支援の実践や経験をそのもとで把握しているさまざまな概念間の連関によって支えられていると同時に、それらがどのように連関しているかを示している。であるからこそ、これらの語りという行為の記述を通じて、語りの対象となっている子育て支援を提供するという実践と経験のありようと同時に、それらの実践と経験についての語りが意味あるものとなることを支えている規範的論理のありようへとアクセスすることも可能になると考えられる（鶴田・小宮 2007）[*9]。

なお、本書は、子育て支援という営みについて論じるにあたって、もっぱら支援を提供する側の語りに拠りながら議論を展開している。このことは、ケアや支援が受け手と与え手の相互行為として成立していることを考えれば（上野 2011）、本書の重要な限界となっている。ただし、支援を与える側の実践や経験は、むろん支援という相互行為を左右するのみならず、子育ての支援という出来事をわれわれがどのように理解しているのかを思い起こさせてくれるものでもある（鶴田 2009 参照）。つまり、子育てを支援する人たちも、支援を受ける側の人々も、さらには子育て支援の営みと直接の関わりをもたない筆者を含めた「非当事者」たちも、同じこの社会を生きる社会成員であり、彼らの語っていることを筆者も読者も理解できるということが、われわれが「同じ秩序のうちに生きていること」（鶴田 2009: 93）を示している。この意味において、支援提供者の語りに着目することには、われわれの社会における子育て支援の位置について考察するうえで、支援提供者の実践と経験の理解のみにとどまらない有用性があるとも考える。[*10]

対象者の語りをこのように位置づけることは、本書が基づいている調査が抱える他の限界をどう捉えるかということとも関わっている。第一に、これらの調査は、そこから現在の日本社会で行われる子育て支援の提供について、経験的一般化を図ろうとするのであれば、いかにも不充分なものである。したがって、以下の議論は、ここで収集された語りに見出される実践や経験が、他の支援提供者たちに当てはまるということを主張しようとするものではない。[*11] そもそも、ある対象者の実践や経験について論じることが、他の対象者に同様に当てはまるわけですらない。その意味で、以下において経験的な語りの実例を題材とすることで目指されているのは、子育て支援者たちの実践や経験の一般化ではなく例証である。そして、彼らがそれを組み立てるために規範的前提として用いている概念間の連関に言葉を与えていくことである。つまり、さまざまに異なる状況に置かれた他の支援者たちの実践や経験も含めて、それらの前提ともなっているであろう事柄に目を向けることを促し、その含意について考察することが目的である。

とはいえ、第二には、そのような作業にとっても、本書の調査が無視できない限界を抱えていることはたしかである。準備した質問項目について必ずしも充分な語りが得られていない調査があり、家庭型支援の調査対象者の数が相対的に多いため、施設型支援・家庭型支援・ひろば型支援のそれぞれについて、バランスのとれたかたちで語りが収集できたとも言えない。語りの事例から規範的論理やその使用のされ方を記述するにあたっても、多くの事例の比較によって初めて気づきうるような事柄もあるからには、このような限界は、本書の議論にとってやはり制約を与えるものとなっていると考えられる。

なお、本書では、必ずしもすべての対象者の語りについて検討が加えられるわけではない。しかし、言うまでもないことであるが、以下の論述は、先述した調査から得られたすべての語りについての検討を踏まえたうえでなされたものである。そのうえで、対象者たちの語りのうち、本書の目的や論旨にとって重要であったり典型的であったりすると見なされたものが取り上げられている。

最後に、インタビュー場面での会話は、すべて対象者の許可を得たうえでICレコーダーを用いて録音されており、その録音をトランスクリプト化した語りが本書での検討の対象となっている。ただし、読者の理解を容易にするために、語りの意味を損ねない範囲で、筆者による省略や補足が行われている場合がある。またインタビュー調査によって収集された語りの利用と公表については、インタビューを開始する前に、匿名化することを前提に、また、学術的な目的に限って、対象者から許可を得ていることを付記しておく。

注

＊1――本書では、調査対象となった施設や団体ができるだけ特定されないようにする目的で、名称はすべて仮名を用いている。また同様の目的で、調査対象者の名前についても、繰り返し言及することになる一名の対象者には仮名を割り当て、それ以外の対象者はアルファベットで表記することにした。

＊2――子ども家庭支援センターは一九九五年から東京都が独自に開始した「子ども家庭支援センター事業」により、各区市町村に最低一つの設置が目標とされている施設である。実施主体は区市町村だが、区市町村が直営するものだけでなく、「キサラギ」のように運営が社会福祉法人に委託されている場合もある。その基本的な役割は、すべての子どもと家庭を対象に、地域住民に身近なかたちで育児についての相談援助体制を整えることにある。具体的な事業内容は施設ごとに異なるが、主には相談事業、ショートステイやトワイライトステイ、地域交流事業などが実施されており、「キサラギ」でもこれらのサービスが提供されていた（副田2001）。

＊3――「保育ママ」は家庭的保育を提供する者の通称であり、その公称は自治体によって異なる（福川2000）。この某市を含めた東京都では、家庭福祉員が正式な名称である。

＊4――本書の調査は児童福祉法が二〇〇八年一一月に改正される以前に行われているが、このような自治体間での制度の違いは、家庭的保育事業が法律上の位置づけを与えられたことで解消されていくものと思われる。たとえば、現在ではどの自治体でも保育士などの資格を必須とするのではなく、事前の研修によって認定を受けられるようになっている。

＊5――研修による認定を行っている自治体もすでに多くあったなかで、対象者のうち保育士などの資格をもたない者がわずか二名であることも、本調査の調査対象の偏りを示すものであると推測される。なお二〇〇八年の時点で、「東京都家庭福祉員の会」の会員が所在する東京都一五区における会への加入率は約四二パーセン

ト（東京都家庭福祉員の会 2008）、「多摩地区家庭福祉員の会」の会員が所在する東京都一六市における加入率は約七〇パーセントであった（多摩地区家庭福祉員の会 2008）。

＊6――筆者が何度か観察した限りでは、プログラムに参加する親子は、毎回一〇組前後であった。

＊7――これに加えて、川間さんは二〇〇二年から、「『さつき』キッズクラブ」という名称で、〇歳児から小学生までの子どもを対象にした一時保育も提供している。「さつき」が開かれる日には、川間さんが預かっている子どもたちも、「さつき」のメンバーの親子と一緒にプログラムに参加している。

＊8――ただし、施設型支援や家庭型支援の提供者と異なり、サポーターの三人にとって、「さつき」での活動は賃労働としての性格をもっていないので、その点を考慮してワーディングを若干変更してある。

＊9――鶴田幸恵と小宮友根（2007）は、インタビューを相互行為として捉えることを提唱する既存の議論（たとえば桜井 2002）を批判的に検討して方法論的な代替案を提示するなかで、インタビューという相互行為においてなされた行為を記述することが、その行為を支えている規範を記述することであると指摘している。

＊10――このような支援提供者の語りの位置づけについては、性同一性障害を抱える人々へのインタビュー調査に基づく鶴田（2009）の研究を参考にしている。

なお、本書が支援の実践についての「自然に生起したデータ」を用いずに、インタビュー調査による語りだけに依拠しているという限界についても（Silverman 2007）、同様の理解が可能であろう。そこで問題になりうるのは、次章以降で記述されるインタビュー場面において用いられている論理と、支援が実践される場面において用いられる論理が異なっている可能性である。しかし、両者の論理が異なっている可能性は本調査の重要な限界ではあるけれども、前者で用いられている論理の記述がインタビュー場面の記述を超えたものとしてわれわれに理解可能であること自体が、本書による考察の射程を示している。

＊11――もっとも、子育て支援者たちの実践と経験の多様性を考えれば、どのような調査設計を行っても、こうした

主張を行うのはきわめて困難であるように思われる。知見の一般化が要求されること、一般化の不可能性が限界として認識されること自体が、質的調査の方法論において再考の必要がある問題である。知見の一般化ができるかということと、得られた知見が他の文脈においても利用可能であるかということとが区別されねばならない。

第4章

施設型支援者の語りと「保育ママ」の語り

——子育てを支援することのジレンマとその解法

1　成員カテゴリーとしての「子ども」とその二重性

「子ども」と関わる仕事ができるということ

本章からは、具体的な語りの検討を通して、子育て支援の提供者による実践と経験のあり方の例証を行っていく。まずは、現在の子育て支援において主流の形態となっている施設型支援について考察することから始めたい。ここで検討の対象となるのは、子ども家族支援センター「キサラギ」でトワイライトステイに携わる五人のスタッフの語りである。

これらの対象者に共通するのは、それぞれが現在の仕事に就く動機や就くまでの経緯、職場での経験を説明する語りのなかで、「子ども」という成員カテゴリーが特に重要な位置を占めているということである。

彼らの現在の仕事に就くまでの経緯はそれぞれ異なり、同じ「キサラギ」のトワイライトステイという場で働くことに対する定義も「児童福祉」「保育」「幼稚園の教諭を目指」すにあたってのステップというように微妙な意味のズレを含んでいる。しかし、いずれの対象者も子どもと関わる仕事に就くことへの強い思い入れを語っている。

Aさん（三〇代前半、男性、常勤職員）は大学卒業時に、「子どもと関わることが好き」だったので、内定していた就職先を蹴って「キサラギ」でアルバイトを始めたという。*1 Bさん（二〇代前半、女性、非常勤職員）は、「この仕事をしていて特によかったこと」を問われて、「子どもが笑ってる姿を見るのが、やっぱり一番幸せ」と答えたうえで、他の業種のアルバイトをした時の接客の経験と対照させて、「子どもって泣いてもすぐ笑うじゃないですか。それを見たらこっちも笑えるじゃないですか」と述べて、子どもと接する仕事をしていると「幸せでいられる感じがしますね」と語る。

子どもに関わる仕事とそれ以外の仕事とを対照することは、Cさん（二〇代後半、女性、常勤職員）の語りでも、現在の職場で働く喜びを語ることとしてなされている。Cさんは大学卒業後に社会福祉士の資格を取得してから、「とりあえず子どもと関われればどこでもいいや」と考えて、さまざまな福祉関係の求人に応募する。その結果、「キサラギ」と同じ社会福祉法人が運営する母子生活支援施設で非常勤職員として、子どもと接する仕事をしていたところに、その社会福祉法人から事務職としての就職の誘いがあり、悩んだ末にその誘いに応じることにしたという。「でも、やっぱり現場に戻りたいんでということで異動希望をずっと言っていて、ようやく念願叶い六月から『キサラギ』に異動してきた」と語るCさんは、法人本部での事務職としての業務と現在の「キサラギ」での仕事を以下のように対照している。

筆　者：じゃあ異動したことによってこうストレスは減った？

Cさん：そうですね。ぜんぜん減りましたね。すごい気持ちが楽ですね。やっぱり楽しい部分が多いですね。子どもの成長とか、成長ってほどじゃないですけど、なんかちょっとしたことで笑えることが多いじゃないですか、子どもって。こけてるの見るだけでも笑えちゃったり。だからそういう面ではやっぱりこっちに来てよかったなあって思いますね。

筆　者：逆に以前の事務仕事の時のストレスっていうのはどういうことがあったんでしょうか。

Cさん：（前略）やっぱり経理をやってたんでつねに数字とかが、うーん、数字とあと事務的なことで次の日にしなくちゃいけないこと、日々先を読んで、明日しなくちゃいけないこと、今日しなくちゃいけないことっていうのが、そういう風に追われてる感じがして。そういう面でけっこう気を配らなくちゃいけない部分っていうのに気づいてしまう部分があったんで、そういう意味では精神的に気を使い疲れる。あと本部だったんで、相手にするのがみんな管理職だったんですよね。なんでそういう意味でも、まあわたしはけっこう態度のでかいほうなので、管理職に対してもちょっと言われることはありましたけど。でも、やっぱそういう意味で神経使ってましたね、いちおう。上の人たちだらけなんで。その分、ここはやっぱり楽。

ここでCさんは筆者の質問に答えるなかで、「経理」や「数字」に関わる事務的な仕事と現在の「キサラギ」での仕事の内容についての対比を行い、後者を自分にとってより楽しいものとして位置づけている。そして、この際、仕事の内容が事務的なものでないことだけが、彼女にとって重要なわけではない。ここでは現在の職業の肯定的な側面について説明するに際して、Cさんが「大人―子ども」というカテゴリーのペアを使用しているのを見出すことができる。Cさんは、まず「子ども」と関わることの楽しさについて述べた後に、比較を求める筆者の問いに応じて、「管理職」あるいは「上の人たち」と接する仕事を自らの負担感と関連づける。つまり、ここで彼女が問題にしているのは、それが「子ども」ではないもの、つまりは「大人」と関わる仕事だったことであると理解できる。そして、それとは反対に現在の仕事で接している相手を「子ども」としてカテゴリー化することで、いまの職場での経験をよりストレスの少ないものとして語ることがなされているのである。

これらの語りからわかるのは、対象者たちにとって、「キサラギ」での仕事が他の多くのことに先んじて、「大人」と標準化された関係対を形成する「子ども」を相手にする仕事として、また、彼らと対面的な関わりをもつことができる仕事として理解されているということだろう。このことは他の対象者からも、「この仕事をしていて特によかったと思うことは何か」という問いに対して、「子どもと遊べるとこだけですね（笑）」（Dさん）、「子どもと関係ができていくっていうか、信頼関係とかができていくのはすごいよかったかな」（Eさん）という回答がなされていることにも示されている。「キサラギ」での仕事は、子どもと直接的に関わることができるという側面において、彼ら自身によって非常に肯定的に評価されているのである。*2

このように対象者たちは、「キサラギ」で働くということ、特にその楽しさや喜びについて説明するに際して、「子ども」というカテゴリーを用いた成員カテゴリー化実践を行っている。そして、彼らが以上のような文脈のもとで子どもについて語る時、「子ども」は「人生段階」という成員カテゴリー化装置に含まれる一つのカテゴリーであり（Sacks［1972b］1974: 220 参照）、「大人」という成員カテゴリーと標準化された関係対を形成するものとして意味を与えられている。つまり、これらの対象者の語りでは、そのケア提供の対象は「大人」でないものとしての「子ども」一般として捉えられているのである。

そして、「キサラギ」で行われているような子育て支援サービスが提供される背景である「育児の社会化」の理念もまた、社会全体が共同して子育てに関わるという意味で、ケア提供者と子どもの関係を「大人—子ども」という標準化された関係対を通じて理解しようとするものである。そうした政策理念に示されているのは、子育ては家族のみが担うものではなく、どの大人も大人である限りで、子ども一般にケアを提供する責任を有するものであると措定することで、子育てをめぐる責任と成員カテゴリーとの従来の結合のあり方を組み換えようとする考え方であった。[*3] このような意味で、対象者たちが「キサラギ」で働くという経験を説明可能なものとするに際して、「人生段階」という成員カテゴリー化装置と「大人―子ども」という関係対を利用しているということは、近代的な公私区分の再編を含意する「育児の社会化」という政策的な理念と現場での実践とが、それを成り立たせている論理において重なりを見せているということでもある。

「子ども」カテゴリーの二重性

しかし、一般的に言っても、「子ども」というカテゴリーによる成員カテゴリー化がなされるときに使用される成員カテゴリー化装置は「人生段階」だけではない。たとえば、「彼は子どもへの誕生日プレゼントを買い忘れた」という記述について、そのプレゼントを買い忘れた者として、すべての「大人」が同等の優先順位を配分されて推論の対象となるわけではない。むしろ、第一の候補となるのは、その「子ども」の「父親」であろう。つまり、この記述を理解することは、「子ども」という成員カテゴリーが「父親」「母親」といったカテゴリーとともに集合を形成する「家族」という成員カテゴリー化装置に包摂されるという結合の論理を通じて成し遂げられているのである（Sacks［1972b］1974: 220 参照）。したがって、「子ども」という成員カテゴリーは、「人生段階」

と「家族」という二通りの成員カテゴリー化装置に包摂されるものとして用いられるという二重性をその特徴としてもっていることになる。*4

そして、対象者たちが「キサラギ」での経験を説明するうえで「子ども」に言及するときにも、「子ども」を自分たちケア提供者を含む「大人」一般との対比のみならず、「家族」という成員カテゴリー化装置の使用を通じて把握することが行われる。この「家族のなかの子ども」という論理は、「大人でないものとしての子ども」について語るのとは異なる位相を、子育て支援サービスの提供という出来事に与えるものである。それは一つには、子どもの保護者である親との関係の問題として語りのなかに現れてくる。

たとえば、親との関係で気をつけていることは何かと問われて、Cさんは以下のように答えている。

わたし、入ってすぐくらいのときに、親御さんに子どものケガのことを伝えるときにクレームが来てしまったんですよ。で、それから、やっぱり口を、わたし口がきついタイプなんで、それはもうすごい気をつけて。そのときもきょうだいの下の子がちょっとケガして、最初にお姉ちゃんが、お母さんが帰ってきたときにガーって言って、「何々ちゃんがケガしたの」って、先にお母さんに伝えられちゃったんですよね。それもけっこう怒る理由の一つで、やっぱりなるべく、帰ってきたら「お帰りなさい」を言って、なるべく一回近づいて子どもの様子を伝えるように。

Cさんはこのように子どものケガについて親からクレームを受けた時のことを振り返り、現在では、保護者に対して「ちょっと一言二言でも、少し話をすることで、何かあったときに、やっぱ向こうも話しやすくなってくれる」ように配慮しているという。

また、仕事をしているなかでつらいことを問われたAさんは「自分たちが一生懸命やってるなかで、一歩客観的に見たなかで理不尽な苦情っていうのがあるんでそれがこたえますね」と述べて、「ほんとになんパーセントなんですけど、『うちの子に何するの』って方もやっぱいらっしゃるんですよね」と子どものケガについての苦情を例として挙げる。

S・マレー（Murray 2001: 524）は、「施設をベースにした子どもへのケア提供という日常世界においては、多くの争いとなりうる相互行為上の契機が生じる。この種の子どもへのケア提供という公的場面は、子どものケアの専門家がケアについて説明責任をもつということを意味している」と指摘する。「ケガはいいとは言わないけども、ケガをした後の対処法、対応をどうするかっていうのを瞬時に考えなきゃいけない」とAさんが言うように、ケア提供者にはあらゆるケア提供活動が適切なものであると見なされるべく相互行為をマネージすることが要求される。このようなあたりまえの日常がトラブルをはらんだ状況として理解されないための相互行為のマネージの問題は、彼らが主に保護者との関係で、独特の負荷のもとに置かれていることを示唆する。

Aさんも先述の苦情についての語りの後で、「だから僕も最初入って三年四年のときは、子どもと遊んでればっていうのがやっぱり頭にあったんで。そうじゃなくて、子どもを含めて、お母さん、トワイライトだったらお父さんも含めて、そこでの関係というか、それも含めての支援なんだなあというのが（わかってきた）」と振り返っている。そして、これらのCさんやAさんによる親からの苦情についての語りにおいて、「子ども」というカテゴリーは単に「大人」ではないものとしてではなく、「お母さん」や「お姉ちゃん」、「お父さん」とともに「家族」というカテゴリー集合を構成するものとして用いられている。このように「子ども」というカテゴリー化が「家族」という成員カテゴリー化装置を用いてなされるとき、「キサラギ」で働くことは対象者とケア提供の対象である子どもとの関係性のみには回収できないものになる。つまり、「子ども」を自分も属する「大人」一般と形成する関係性という観点から捉えるだけではなく、「家族」というカテゴリー集合の構成要素であり、他の家族成員と関係を取り結ぶものとして理解することがなされる。この「子ども」という成員カテゴリーの二重性は、子育て支援サービスの提供という実践や経験そのものを二重化することで、親からの苦情についての語りに表れているように、支援提供の実践や経験を一貫したものとして構成することを困難にする効果を時としてもつことになるのである。

「過度な」ケア提供への疑問と「家族」を優先する論理

さらに、「子ども」が「家族」という成員カテゴリー化装置の構成要素でもあることは、対象者が自らの仕事に疑問をもつ契機を提供する場合がある。Aさんは自分の将来の展望として、現在は行われていない日曜日などへのトワイライトステイのサービス拡大について、「ニーズ的にあるんだったら、それもやんなきゃいけない」と述べた後に次のように言う。

Aさん：あんまりやり過ぎんのもね。子育てしなくなっちゃうんじゃないかなあって思う。だから逆に、トワイライトをやっていて、結局、母子生活支援施設でわたしたちがお母さんに言ってることと真逆のことをしてる。[*5] 母子生活支援施設は児童福祉施設だから、「子どもとの時間を大切にしてほしい、だから夜の仕事は駄目ですよ」っていうかたちでお話をして、みなさんだいたい六時までの仕事。（中略）基本的には、リズムをつくるためにお家に六時くらいに帰ってきて、ご飯を食べて、それで寝るっていうのをこちらのほうとしては推奨というか、それはしてほしいっていう願いでやっているけど、かといって、じゃあ、トワイライトで何をしているかっていうと、夜一〇時まで子どもを預かって。〇〇くんとかだと、月曜日から金曜日まで、朝たぶん八時半から保育園が始まって、（保育園から）俺たちに連れ去られてきて夜一〇時まで。[*6] あとはだから土曜日日曜日とか、どれだけお父さんお母さんとコミュニケーションとれてるのかなっていう。結局、日々、お父さんお母さんとお話しする時間っていうのがないよねえ。だから、トワイライトやってて思うのが、まあニーズとしてあるから仕方ない部分はあるんだけど、ほんとの姿としてはこれはいいのかなあっていうのが。んー、やっぱ時間がないよ。(二〇時)二〇分ごろ帰って、いろいろ考えたりすることあんだけど、お風呂入って、まああとはその時間だから、アイスも本もねえかなあとか。やっぱそれが自分のあれ(子ども時代)だったら、五時半とか六時にご飯食べて、まあ漫画見て、あんま見すぎるなとか言いつつ。で、お母さんとかお父さんとなんかこうして、で、「じゃあ今日はデザートこれよ」なんてやって、じゃあ九時に寝るなんていう、そういう時間がないんだよなあっていうのがねえ。

筆　者：だからって、「キサラギ」で預からないと、一人になっちゃうわけですもんねえ。

Aさん：うん、だから、向いてる方向っていうのは、やっぱねえ、僕らのちっちゃい時より、どんどんどんどんそういう方向へ行ってるよねえ。そこまでやっぱ仕事がんばんなきゃいけないのかなあっていうのはねえ。

この語りに示されているのは、自分たちがトワイライトステイという子育て支援サービスを提供して、夜遅くまで子どもの世話をすることが、子どもが家族のなかの一員として充分に位置づけられることを脅かすのではないかという懸念であろう。そして、この懸念の語りを支えているのが、「子ども」を「お父さん」や「お母さん」とともに「家族」に包摂するという論理であり、その「お父さん」や「お母さん」と「子育て」をするという活動との規範的なつながりである。この規範的な連関があるからこそ、Aさんは自分たちがその一端を担う長時間に及ぶ家庭外での子どもへのケア提供が、子どもとその家族との関係にもたらす結果についての懸念を、「子育てしなくなっちゃうんじゃないか」というように語ることができる。

そして、このような懸念は「キサラギ」のような施設型支援でのケア提供だけに見出されるものではない。M・ネルソン（Nelson 1994）は、家庭的保育（family day care）を提供している女性たちへのインタビュー調査から、彼女たちがその仕事を選んだ動機は、「自分の子どもは自分で育てる」という「伝統的な」母親についての理想と就業を両立させることにあると指摘している。つまり、彼女たちは、母親は自分の子どもに全面的に関わるべきだと考えているために、家庭の外に出なくても始められる仕事として、家庭での保育を提供している。したがって、彼女たちは、他の母親から子どもを預かることによって、「自分自身では受け入れることのできないサービスを提供している」のであり、子どもの発達などの観点から、その仕事に疑問を抱くようになるという（Nelson

1994: 193)。このとき、彼女たちとAさんは、子どもへの基本的なケア提供の責任を家族に帰属する理念と現実に自分が行っていることとの間でのジレンマを、自分のしていることが結局は子どものためになっていないのではないかという疑問として表明している点で共通している。[*7]

なお、子どもたちが家族の一員として充分な関係を結んでいないことを問題であると捉えたからといって、自分たちの存在によってその欠落を補うことは容易ではない。Dさん(二〇代前半、男性、常勤職員)はこの点に関して以下のように述べている。

Dさん：僕の目標っていうか考えてるのは、やっぱりトワイライトって家庭的なイメージをすごくつけたいっていうのがたぶんあったと思うんで、立ち上げ当初に。僕もそう思ってるんですが、やっぱりこうマンモス化してきちゃうと、もういまたぶん安全にっていう、安全確保だけがもう頭のなかで。遊びもすごく、なんていうんですかね、ほんとは僕の得意なサッカーとか野球とかやらしてあげたいとこなんですけど、バット一つ振らしちゃあ危ないし、サッカーやらしちゃあこけてケガするわとか。そういうケガが一番怖いんで。ほんとは家庭的なと言いたいとこなんですが、いま、安全第一で。

筆　者：ケガさせないようにみるっていうのが。

Dさん：みるっていうのが、たぶん一番なんじゃないですかね。本筋とは外れちゃうんですかねえ、やっぱ。ほんとはやりたいこととか考えてることとか、まったく違うというか。

つまり、子どもに対して「家庭的な」ものを提供しようとしても、一度に大勢の子どもを預かっているという制約のもとではそれが許されないのだ。Dさんはこの後に、「トワイライトは保育園じゃないとは僕は思うんで、そういう面では、そう土曜日とかいいですね。平日はつらいです」とも話している。土曜日の勤務は、子どもの数が少ないので「密接に関係がもてる」。しかし、平日の勤務ではそれを充分に実現できず、子どもの安全への配慮ばかりが優先されてしまうことが、理想とする「家庭的な」サービスのあり方と現実に自分が行っていることとの齟齬として語られる。

ここでDさんが表明しているのは、言うなれば擬似的に構成された「家族」という成員カテゴリー化装置のなかに自分を位置づけることの「失敗」である。Dさんはケア提供者であるという意味では、「子ども」たちと重要な関係にあることを主張できても、それよりも「家族」のなかに「子ども」が位置づけられることのほうが規範的に優先されるということがこの語りの前提にある。この「家族」を優先する論理は、それを用いて言われていることこそ違っていても、先のAさんの懸念の語りを支えているそれと同様である。

そして、「家族」という成員カテゴリー化装置を通じてケア提供の経験が理解されるとき、「大人―子ども」の関係対を用いるときとは異なり、ケアの受け手を「子ども」としてカテゴリー化することが、それとペアを形成するものとして自身をカテゴリー化することにつながらないがゆえに、支援提供者は「子ども」との関係を安定的なものとして構成することができない。つまり、ケアの受け手が「子ども」であることは、支援提供者にとって、自らの職業を肯定的に意味づける資源であるのと同時に、それによってケアの受け手との関係から疎外されてしまうこともありうる。このように、「子ども」という成員カテゴリーの二重性という結合の論理が、他人の子どもにケアを提供する実践にともなう対象者たちの困難な経験が成立する前提となっているのである。[*8]

子育てを支援することのジレンマとカテゴリー間の規範的な序列

これまで本節では、施設型支援の提供者に注目して、彼らの支援提供についての語りを支えている「子ども」という成員カテゴリーの使用のあり方について検討してきた。そこから明らかになったのは、「人生段階」と「家族」という二つの成員カテゴリー化装置に含まれるものとして使用されうるという「子ども」カテゴリーの二重性が、支援提供者たちがある種のジレンマを経験する論理的前提となっていることである。

そして、この「子ども」カテゴリーの二重性は、現代社会における家族と子育てをめぐる規範的論理の二重化状況、つまりは、支援の論理と抑制の論理の併存状況に対応している。二重性によってもたらされる子育てを支援することのジレンマとは、二つの規範的論理の間でのジレンマに他ならない。

一方で、子育ての支援を政策的に促進すること、あるいはその必要性を主張することは、支援提供者と子どもの関係を「人生段階」という成員カテゴリー化装置を通じて理解することを含意している。そうした議論においては、「子ども」という存在はそれが「大人」一般と形成する関係対と結びついた権利・義務のもとに位置づけられている。しかし他方で、実際に子育て支援の実践を担う人々の語りが示すのは、支援提供者によっても、しばしば「子ども」が「家族」の一員であることがより優先されるべき権利・義務関係として措定されるということ、さらには、そのことが支援提供者に自らの実践に疑問を抱かせる可能性があるということだろう。つまり、公的領域と私的領域の再編成という理念を背景とする子育て支援サービスの提供という出来事は、それ自体が育児の責任を私的領域に割り当てる近代的な公私の二分法を通じて経験されており、このことが支援提供者にとってマネージが必要な問題を出現させる条件となっている。

サックス（Sacks 1972a＝1989）が指摘しているように、成員カテゴリー間に配分されている権利・義務には規範的な序列がある。もし、われわれの「配偶者」が何か深刻な悩みを抱えているのに、自分ではなくまず「友だち」に相談したというときに、われわれがその「配偶者」を「どうしてわたしではなく、友だちに相談したのか」と非難することができるのはこのためである。同様に、これまでの対象者の語りからは、「子ども」や「子育て」をめぐる事柄について、「母親」「父親」などの「家族」に属するカテゴリーの間に想定されている権利・義務を優先する規範的論理が、子育てを支援するという実践や経験を説明可能なものとするにあたっても使用されているのを見てとることができる。この観点から言えば、子育てを支援することのジレンマとは、「家族」を優先する論理がいつでも作動しうる状況において、より序列の下位にある「大人」、あるいは、「支援者」「保育者」といったカテゴリーに属する者が「子ども」にケアを提供するときに実践的に解決することを要求される「問題」の一つなのだと思われる。つまり、子どもへのケアをともなう子育て支援サービスの提供者は、いつでも「どうして家族ではなく自分が世話をしているのか？」と問いに出会う可能性があり、そして、その問いは単なる問いではなく、子どもの「家族」や自らへの非難でありうる。

「子ども」という成員カテゴリーがこのような二重の意味をもつことは、私的領域において家族成員によって子どものケアが担われるときには、あまり問題とはならないだろう。それが重要な意味をもつのは、子どもへの公的なケア提供がなされる場合、つまり、「子ども」に対して「大人」であることと「家族」であることが一致しないような関係性のもとでケア提供がなされる場合である。この意味において、「子ども」という成員カテゴリーの二重性から生じるこの問いに対処することは、子育て支援者たちの経験の一部を構成している。そして、この問いは、まさに「キサラギ」のトワイライトステイのように、公的なケア提供がさらに長時間化していくことで、子どもがその家族の成員から直接的にケアを提供される機会がますます失われるような状況において、より深刻なものとして現れるとも考えられる。

それでは、抑制の論理、子育て私事論の効果のもとで子育てを支援することが当の支援提供者にジレンマをもたらしうるものであるとすれば、そのようなジレンマはどのように解消しうるのであろうか。次節では、子育てを支援することのジレンマを解消するための一つの可能な道筋を示すことを試みる。そこで題材とされるのは、「保育ママ」であり育児サークル「さつき」の主催者でもある川間さんと「さつき」のサポーターたちの語りである。川間さんたちの語りを「キサラギ」のスタッフのそれと比較対照することで、川間さんが自らの支援をどのような論理のもとで把握しているのか、そして、子育てを支援することのジレンマがいかに解かれているのかを描き出していく。

2 家族支援としての子育て支援

職務を再定義する試みとそれを貫徹することの困難

ところで、「キサラギ」のAさんは、トワイライトステイのサービス拡大について、「ニーズ的にあるんだったら、それもやんなきゃいけない」と述べていた。また、Aさんと同様の疑問を語っているBさんも「父子家庭で来てるお家とかは、やっぱうちがなかったら」と、「キサラギ」のトワイライトステイがなければ困る家庭もあることを考えると、以前ほどには、遅くまで子どもの面倒をみることをつらいと思わなくなったという。これらの語りでは、現実的なニーズの存在によって、理想が実現されていない状態を埋め合わせることが試みられている。しかし、彼らが直面しているジレンマは、「子どもは家族によってケアを提供されるべき」という家族責任についての理想と「子どもが家族によっては充分にケアを提供されていない」という現実との間で生じるものである。この理想と現実は、そもそも互いに背反するものであるために、単に理想よりも現実的なニーズを優先するだけでは、理想が実現されないことによるジレンマそのものの解消にはつながらない。子育て支援に携わるケア提供者が、自らの仕事に疑念を感じずに、それをより有意義なものとして経験するためには、この理想と現実の背反状態に変更が加えられる必要がある。

ここで注目したいのが、Aさんによる自分の仕事内容への理解をめぐる語りである。Aさんは、仕事をしていてつらいと感じることを問われ、「自分たちが一生懸命やってるなかで、一歩客観的に見たなかで理不尽な苦情っていうのがあるんでそれがこたえますね」と、子どものケガについての苦情を挙げていた。そして、この苦情についての語りに、Aさんは「だから僕も最初入って三年四年のときは、子どもと遊んでればいいっていうのがやっぱり頭にあったんで。そうじゃなくて、子ども含めて、お母さん、トワイライトだったらお父さんも含めて、そこでの関係というか、それも含めての支援なんだなあというのが（わかってきた）」と続けていた。重要なのは、このときAさんが自らの仕事を、ただ子どもにケアを提供することだけでなく、子どもがそのなかに位置づけられる家族との関わりをも含むものとして捉えていることである。*9

このAさんのような、自らの仕事についての理解を、単なる子どもへのケア提供から、親あるいは家族全体への関わりを含めたものへと転換する試みは、先述した理想と現実の背反状態を解消する可能性を内包するものである。自らの仕事を親子の支援、子育て中の家族全体の支援として再定義して、問題を抱える可能性のある親や親子の関係性への働きかけを職務内容に含みこむことによって、自分が行っていることを、規範的により優先される家族による子どもへのケア提供を妨げるものではなく、むしろ、子どもがより豊かな親子関係を結ぶことを促すものとして理解する方途も開かれるからである（木戸 2010 参照）。それは言い換えれば、自らを「子ども」と関係対を構成する「大人」としてカテゴリー化するだけではなく、「子ども」と「親」などがともに包摂されている「家族」というカテゴリー集合全体との関係で、たとえば、「支援者」としてカテゴリー化しようとする営みでもある。このとき、「子ども」と「親」の間にケアをめぐる強い権利・義務関係が想定されることは、とりあえずそれ自体では脱問題化されうるだろう。

しかし、そのように職務内容を再定義したとしても、トワイライトステイを担当するという条件のもとで、再定義された通りに職務を遂行しつづけることは容易ではない。たとえば、Bさんは、子どもを預ける親との関わりについて心がけていることとして、「なるべくやっぱその子どもの状況を教えてあげたりとか。今日はこんなことができたんですよとか、今日はご飯いっぱい食べたんですよとか、なるべくそういうのを言ったり」することを挙げている。しかし、その後に、「やっぱりお母さんも忙しくして帰ってきて」、「けっこうバタバタ来てバタバタ帰っちゃうじゃないですか」と続けているように、遅くまで働く親の子どもを預かるトワイライトステイにおいては、子どもを預かることが職務の中心となりがちである。また、Eさんも、「コミュニケーションも親ととれてないような感じ」であることを問題化しながらも、「忙しいなかで子どもをみてやってるから、上手く伝えられない」と付け加えている。Dさんが「マンモス化」と表現していたように、多人数の子どもに同時にケアを提供する施設型支援において、子どもへのケア提供を行いながら、さらにひとりひとりの親と子どもを通じた関係性を形成することは、たとえ課題として認識されてはいても、その実現にはかなりの制約がともなっているのである。[*10]

このような状況においては、自らの職務を子どもと関わることだけに限定しようとする指向が現れてくるのも当然のことではあるだろう。自分が携わっているのは「ほんと子どもと接することばっかり」だとするDさんは、子どもの親や家族との関わり方について問われて、以下のように答える。

子どもの状況とかを知らせたりはしますけど、たとえば「今日こういうことがありました」とか、基本的に悩みを「何かありますか」ということは聞かないです、もちろん。状況説明はして、でも、こっちから逆にそれを今度掘り起こすとかはしないですね。それはまたちょっと僕のあれ（仕事）とは違ってくると思うんで。

三井さよ（2004: 34）は、「対人専門職がある職業イメージを身体化することによって、しばしば対象者と向き合う際に、自らのなすべきこと／できることを限定してしまっていること」を「限定性」（specificity）と呼んでいる。*11 このDさんの語りからわかるのは、彼が自分の職務に子どもへの関わりに焦点化したかたちで限定性をもち込んでいるということであり、ここでは自分が「家族」の「支援者」というカテゴリーに該当することが否定されている。*12 たしかに、特にケア提供者が状況的な制約から親と充分な関係性をもてないような場合には、Dさんのような仕方で職務を限定することが、自らの職業上の経験を安定したものとして構成するうえで有効となる局面もあるだろう。しかし、そのような経験の安定は、子どもの家族との関係性を職務上の考慮の外に置くことで得られたものであるがために、家族による子どもへのケア提供の不足をめぐるジレンマが問題化されることによって再び脅かされる可能性は残されている。*13 この点において、職務を限定することは、現実のニーズをとりあえず優先することと同じであるとも言える。

以上のような「キサラギ」のスタッフによる語りに示されているのは、子どもの親との経験を通じて試みられる「家族を支援すること」への職務の再定義が、子育てを支援することのジレンマを解消するための手だてとなりうるが、その定義を維持するのは必ずしも容易ではないということである。以下では、このような考察を踏まえて、「保育ママ」であり育児サークル「さつき」の主催者でもある川間さんと「さつき」のサポーターたちの語りを検討することで、川間さんによる支援においてはこのジレンマがどのように解かれているのかを検討する。

「家族支援としての子育て支援」を支える限定性

家庭外で子どもに長時間にわたってケアを提供するという支援のあり方への疑問や違和感は、川間さんたちによっても表明されている。川間さんは、「子どもが『一緒にいたいいたい』って時期って限られてるんですよ。そのときに、長い時間預かっちゃ駄目ですよ」と述べた後に、以下のような知人の女性の例を挙げる。

仕事をフル（タイム）でしてるから、夕飯も食べさせてくれて、お風呂も入れてくれる保育園だったの。「気に入ってるんですよ」って。でもね、たまにならいいよ（笑）。だったら、もうずっと預けちゃいなよというような、ただ隣で寝てるだけみたいな、あれじゃあ、誰がお母さんかわかんないじゃん、駄目だよねって、わたしは思うんですね。

「さつき」のサポーターのFさん（四〇代後半、女性）も、保健センターで相談員をしている経験から、「一人目の方の三歳児検診で、『わたし、次の子が産まれてもなんか初めて（の子ども）みたいぐらい』って。結局、保育園に預けてるだけで、いつの間にか全部育っちゃって、それを聞くと、もう『えー、これでいいのかなあ』って思って」と述べている。

しかし、川間さんも「保育ママ」として川間家庭保育室を運営し、「さつき」でも一時保育の提供を行っているにもかかわらず、これらの疑問が「キサラギ」のスタッフのように自分が携わる支援への疑問につながるものとして語られることはない。

この違いは、少なくとも一つには、彼女たちの自らの支援についての定義のあり方に関連するものであると思われる。「キサラギ」のスタッフにとっては、「この仕事をしていてよかったと思うことは何か」と問われて、「単純に幼児はかわいいですね」（Cさん）や「子どもと遊べることだけですね」（Dさん）といった回答がなされることからもわかるように、自分たちの仕事はまず何よりも「子どもと関わることができる仕事」であった。

これに対して、自らの支援について同じことを問われて、川間さんは、「子どもが幸せになり、家族が幸せになるのを見れたことですかね。（中略）『ここに出会ったから、うちもなんとかいま平和にやってるわ』っていうのを見聞きできるのが嬉しいですね」と答えたり、「みなさんの平和な家庭を（笑）、平和な家族を維持して、親として家族として育ってくのを見ることですね」と応じたりしている。これらの語りでは、自分たちの支援は親子を含めた家族を支援するものであり、親を育てるもの、家族を育てるものであることが明確に述べられており（Statham 2003 参照）、その点において、自らの職務を子どもとの関係性に限定しようとする指向とは対照的である。そして、先述の通り、自分たちのしていることが、子どもへのケアを肩代わりすることではなく、家族関係への支援として定義されている限りにおいては、自らによるケア提供の実践と家族の育児責任についての規範的理解との間でジレンマに直面することは回避されうるだろう。

とはいえ、Aさんたち「キサラギ」のスタッフによっても、自分たちの職業上の実践についての定義を家族支援を含むものへと変更することが、現実にその通りに職務を遂行するのは困難であるにせよ、試みられてはいた。それに対して、川間さんがこのような定義を維持しつつ、その定義と齟齬が生じないような仕方で支援を提供することを可能にしている条件としては、「キサラギ」のスタッフと違って、どのような家族の子どもにケア提供をするかについての裁量権を主たるケア提供者である川間さん自身がもっていることがあるように思われる。川間さんたちは、川間家庭保育室の仕事について説明するなかで、この点について以下のように述べている。

川間さん：最近ちょっと違う人もいるんですけど、基本としては、「わたしは好きな人の子しか預からない」って言ってるんですけど(笑)。保育園はさあ、役所から来た人はみんな預かるわけでしょ。だけど、わたしは、いや、子育ても尊いことでね、やっぱり時間がかかるし、いろいろですよね。それがその、こんな言い方すると、語弊があるかもしれないけど、「こんな仕事してるより、子どもみたほうがいいんじゃない？」っていう場合もあるわけですよ。子育てって一回しかないからね。

Fさん：大事だからね、子どものためにもね。ほんとにそうですよね。

川間さん：そうそうそう、ほんとたとえば、おしめ替えるのもね、長時間預けてたら、うんちなんて、替えないで終わっちゃう人だっているわけよ。ですよね、保育園でだけしてれば。もうほんとお風呂入れて、ご飯食べて、寝かすで精一杯みたいな。で、それがでも、「あのとき大変だったけど、がんばってよかったねえ。それで今、あなたここまでになったのね」とか、「積み重ねのあるいい先生になったね」とかいろいろある仕事の人はいいんだけど、「誰だってできるよ、誰が変わっても」って仕事のために、こんな長い時間働いて、子どもが寂しい思いしてるみたいな生き方は好きじゃないのね。でも、それは経済的にどうしてもとか、そういう場合もいろいろあるから、最近そういうのもあるんですけど。だから、わりと人を選んでるっていう言い方はおかしいけど。

Ｆさん：価値観が似てるっていうかね。

川間さん：そうそう。だから、子どもを預かるときに、わたしたちは役所から紹介もあるし、いろいろなんですけど、「わたしはこういう感じでここを運営しています」。で、親も希望があって、それを話し合って、合致すればいいわけです。だけど、「え、あんたの子、預かりたくないよ」と思うとかね（笑）。

筆　者：まあ、納得ができるかっていうことですよね。

川間さん：そうそう、そうです。要するにね、子どもを育てるのは、親と二人三脚でと思ってるんです。だから、「預かってくれりゃいいのよ」とか、預かりっぱなし預けっぱなしになるような姿勢の人の子は預からない。

川間さんがここで用いている「好きな人」という表現は、子どもの母親や父親のパーソナリティに関する川間さんの好みについてただ述べたものではない。まず、「子どもを育てるのは、親と二人三脚でと思ってるんです。だから、『預かってくれりゃいいのよ』とか、預かりっぱなし、預けっぱなしになるような姿勢の人の子は預からない」と述べられているように、川間さんの考えや川間家庭保育室の運営方針を理解して、川間さんと共同して子育てに携わることを、子どもを預かるための前提条件として求めているということである。L・ウタル（Uttal 1996）は、母親が自分と子どものケア提供者との関係性をどのように意味づけているかによって、子どもへのケアを「保護的ケア」「代理的ケア」「協調的ケア」の三つに分類している。この分類にしたがうならば、川間さんは子育てを両者で分かちあうものとする「協調的ケア」の定義を採用することを子どもの家族に求めているのである。[*14]

次に、川間さんは自分が子どもを預かる間に母親が何をしているのかということ、つまりは、母親の職業を子どもを預かるかどうかの選択をするにあたっての基準として挙げている。彼女が「積み重ねのあるいい先生になったねとか、いろいろある仕事の人」と「『誰だってできるよ、誰が代わっても』って仕事のために、こんな長い時間働いて、子どもが寂しい思いしてるみたいな生き方」を対照的なものとして並置するとき、前者は自分の「好きな人」の例示である。そして、このような選択基準の適用は、「『こんな仕事してるより、子どもみたほうがいいんじゃない？』っていう場合もあるわけですよ」という語りに表れているような、ある種の母親の育児と仕事の両立のあり方、さらには、その支援のあり方への疑問につながるものでもある。[*15]

要するに、川間さんにとっては、預けっぱなしにする母親としない母親、子どもを預けてでも続ける価値のある仕事をしている母親とそうでない母親がおり、これらの区別は、自分が子どもを預かりたい母親とそうでない母親との区別と重なり合っているということになる。このことは、場合によっては、川間さんにも、「キサラギ」の職員と同様の子育てを支援することのジレンマや職務の限定化が生じうることを意味しているだろう。しかし、自分で家庭保育室を運営している川間さんは、どの家庭の子どもを預かるかを自分で選択することができるのである。

いい仕事はね、続けたらいいと思ってますよ。だから、いい仕事だなあって思える人の子どもしか預かってない、基本はね。それで、みんなそれぞれ仕事を縮小していってるの。ですね、で、若い人なんかもうまくやってるよね。だから、あんまり長く預からないで済むように、で、一緒にいる時間いれるようにって思ってるんです。（中略）だから、ほんとに公立保育所みたいにして、誰でも預かってしまう気はないということなんですね。うん、ここに来たほうがぜんぜんうまく育つかもしんないと思ってるくらいですね。でも、わたしだけが育てるんじゃなくて、二人三脚で子育てをしようっていう気持ちのある人じゃないと。それとあと夫もそうですね、お母さんだけでがんばろうなんていっても無理だと。それから、自分がなぜこの仕事を続けるのかということをきちっと考えられる人、預けっぱなしにしない人ですね。

このように、川間さんは、彼女の「好きな人」、つまりは、「預けっぱなしにしない人」、「いい仕事」をしている人に対して、子どもを預かるというサービスを提供しながら、ただ自分が子どもへのケアを家族の代替として提供するというだけではなく、子どもの母親や父親との間に、自分と「二人三脚」で子育てを行うような関係性を形成しようとする。しかし、これを可能とするためには、家族成員のそれぞれが、単に子育てに積極的に関わる意欲をもっているだけではなく、仕事を可能な範囲で縮小することや父親もより積極的に子育てに参加することなどによって、子育てに費やすための時間を捻出することが必要となる。この点について川間さんがとりわけ重視しているのが、家族の居住地と職場の物理的な距離である。

もともとね、今回、その□□ちゃんちや△△ちゃんちは都心に通ってる人もいたけど、基本的には都心まで通ってる人は預かってない。ずうっと預かんないできた。なぜかっていうと、二人三脚でやろうと思っても無理よ。だって、夜ご飯食べさして、お風呂入れて寝かすだけで、精一杯じゃないと思うけどね。そういう人にもっとああやったほうがいいよ、こうやったほうがいいよって言ったところで酷でしょう。それでその人の人生にどこまで関われるかじゃないけど、わたしたち、わたしの言うことに耳を傾けて、「ああ、そうだ」って言って、「やったらほんとによかった。その通りでした」って言ってくれる人だったらいいけど、それができない人じゃね。

つまりは、川間さんがもっている職住近接の理念も、彼女が支援を提供する対象の選別の基準となっている。親自身が子育てに一定の時間を注ぐことを理想とする川間さんは、たとえ彼女と共同で子育てに関わることを望んでも実現不可能であるような家庭の子どもはできるだけ預からないという方針を原則としているのだ。このような意味において、川間さんもまた、「キサラギ」のDさんとは異なる仕方で、自らの支援に限定性をもち込んでいるのだと言える。Dさんが状況的な制約から、自らの職務内容を子どもへのケア提供に限定していくのに対して、川間さんは自分が関わることになるケア提供の受け手を選択する際に限定性をもち込んでいる。そして、川間さんによるこの支援の受け手の限定には、自らの子育ておよび家族についての規範的理念と現実の支援が乖離することをあらかじめ防いでおこうとする指向を見てとれる。この限定が可能であるからこそ、川間さんは自身の行っていることを家族への支援であるとする定義を維持できるのであり、また、この定義があるからこそ、支援の受け手の限定は行われているのである。*16

「親育て」による限定対象の創出

とはいえ、川間さんのような基準を用いて支援の受け手を限定することは、たとえそのことによって子育てを支援することのジレンマを回避することができるのだとしても、実際に支援へのニーズを抱えている家族をその支援対象から排除するなどの問題を含みうるものである。ただし、川間さんは自分の理念に則した対象への支援提供の限定化を、ただ機械的に行っているというわけでもない。

前掲の語りでも言及されていたように、川間さんは両親ともに都心まで通勤している△△ちゃんを例外的に預かっている。△△ちゃんの母親は、育児休暇中に△△ちゃんと一緒に「さつき」に参加しており、育児休暇が終了した後、「『他には預けられない』じゃないけど、すごくここのことが気に入ってくれた」という経緯があって、家庭保育室で預かりはじめた。

しかし、川間さんは△△ちゃんを預かりながらも、「いかんせん八時から六時はよくないんじゃない」と考えて、△△ちゃんの両親に対して、「引越ししたほうがいいよ」「こんなところから通ってないほうがいい」と言っていた。結果として、△△ちゃんの家族はより両親の職場に近い場所に引っ越すことになる。そして、川間さんが△△ちゃんの家族にこのような働きかけを行うのは、「(△△ちゃんは)たぶん親が育てるより絶対順調っていうぐらい、うまくいいかたちで育ってるけど、やっぱり逆を言うとね、親としてはたいへんさびしい。みんなここで学んだことばっかりじゃ、悲しいわけじゃないですか。だから、そういう思い出をいっぱいつくっとかないとね」と述べるように、子どもが幼い間に親子でともに過ごす時間が大切であると考えたからであり、また、「△△ちゃんのお母さんなんて、汗かいて来るよ。駅から急いで走って、少しでも早くって来るわけなんですよ。まあ、やっぱりあれじゃね、後悔すると思う」と言うように、子どもとの時間を大切に思うがゆえに時間に追われるような生活を続ける母親の姿を見ていたからでもある。

この△△ちゃんの家族への関わり方と働きかけが示しているように、川間さんは単に自らの基準を個々の家族に適用して対象の取捨選択を行っているわけではない。むしろ、彼女は自分と個々の家族との間に蓄積された関係性を先行条件としながら、また、関係性を相互に形成していくなかで、自らで限定した支援の対象に沿うような家族をつくりだそうとしてもいるのである。[*17]

△△ちゃんの場合には、家族が現住所から転居する予定であるため、川間さんとの子どもへのケアの授受を通じた関係はひとまず終了することになる。だが、川間さんが子どもの家族に対して働きかけを行うのはこの場合に限ったことではなく、特に「さつき」に参加する母親やその家族との関わりは長期間に及ぶものとなる。たとえば、川間さんは「さつき」のOGであり現在はサポーターの立場になっているFさんやGさん（四〇代前半、女性）について、以下のように語っている。

あの人たちも、来たときにはみんな子どもがちっちゃかったの。で、わたしとの関係が続いてるわけ。いや、不思議ですよ。Fさんちだって、一歳ちょっととかな、だったんですよ。Gさんちだって、もうほんとにいまは落ち着いてるけど、来たときはね、もう言いたいことが彼女はいっぱいあって、それも不満じゃないけど、こんなことがあったんです、それでわたしはいかに大変かっていうことを、バーッとほんとに機関銃のようにしゃべってて、「今日は疲れたあ」っていうくらいの人。それがいま聞き役になって、相談役になって。そういうふうに大人が育ってくんですね。

Gさん自身も、「さつき」に参加する以前の自分について、「こもってるっていうと変ですけど、孤独な子育てをしてたと思います」、あるいは、「わたし自身が心を開いてなかった」と述べている。しかし、「さつき」に参加することで、「いろんなことを相談に乗っていただけて」「いろんなことを本音で話し合える友だちができた」経験をしたGさんは、「この活動を広めたい」と「さつき」のOGたちと別の育児サークルを主催したり、学習塾を始めたり、大学の通信教育課程で保育士や幼稚園教諭資格の取得を始めたりしている。そして、Gさんがこのような仕事や活動を始める後押しをしたのは、「一番はちづちゃんのアドバイス」であり、[*18]それに加えて、「働いてるお母さんとの交流がなければ、なかなか一歩踏み出せないっていうところがあった」という。

同じくOGで現在はサポーターの立場にあるHさん（四〇代前半、女性）によると、「さつき」のメンバーやOGが「さつき」の場で「自分の人生の今後」について話をするのに応じて、川間さんは「いろいろ仕事があったら教えてくれたりとか、情報をすごい下さる」という。川間さん自身も、

「いっぱいアンテナを張って、わたしがいろんなとこ出て行ったりするのも、いろんな人と知りあうと、『あ、これ面白い』とか『あ、これなんかこの人に』とか」といったことがあるからだと述べるように、このような働きかけを意識的に行っているという。そして、川間さんがこのような働きかけを行うのは、母親と子どもが一緒に過ごすことを重視しながらも、「自分も年とってわかりますけど、いずれ子育て楽になるんですよ。毎日、一緒にいなくてもいいし。そのときにいきなり何かを始めてって、ほんと難しいことで」と言うように、子どもが成長した後のことを見据えて、「あなたならではっていう仕事をね、ほんとは見つけてほしい」と願うからであるだろう。

このように、川間さんと彼女が支援を提供する母親たちとの関係性においては、「子どもにもしっかり関わりながら、自分の未来も設計していきたいっていうことがみんな考えられるようになる」ことが一つの目標となっている。つまり、川間さんにとって、川間家庭保育室や「さつき」を続ける喜びは親が育っていく過程に求められていたが、その親が育つ過程とは、彼女たちが川間さんによる限定の対象へと近づいていく過程に他ならない。このような意味において、川間さんによる支援の受け手の選択は、「単に短い(勤務)時間の人じゃなくて、その人自身が最後までどう生きるかという問題」として行われているのであり、川間さんは自らが支援を提供している対象を限定しているのみならず、その限定の対象となるものをつくりだしてもいる。[*19] 支援の受け手の限定を前提としつつも、その限定の対象に支援の受け手を近づけるような働きかけがなされうることが、川間さんが自らの実践を家族支援と定義しつづけるうえでの一つの条件となっており、このことによって、彼女は子育てを支援することのジレンマを経験していないのである。

3　支援の論理による子育て私事論の包摂

本章では、子ども家庭支援センター「キサラギ」でトワイライトステイの提供に携わるスタッフと「保育ママ」であり育児サークル「さつき」の主催者でもある川間さんの語りを比較対照しながら、子育て支援の提供者たちが、自らの実践と経験をどのように理解しているのか、その理解がどのような規範的論理のもとで成り立っているのかを検討してきた。以下では、そこから明らかになったことを簡単に振り返りながら、その含意するところについて考察を加えておく。

まず、本章で指摘したのは、「キサラギ」のスタッフのように、子育て支援者が、自分たちのケア提供の実践と家族の育児責任についての規範的理解の間でジレンマに直面する場合があるということである。そして、このジレンマの経験の前提には、「子ども」カテゴリーの二重性が存在していた。すなわち、「子ども」は一方では社会のなかで「大人」一般との権利・義務関係のなかに置かれるものであるが、他方では「家族」の成員としての権利・義務関係を有するものでもある。子育てを支援するという実践と経験は、前者の論理の社会的浸透を背景として成立しているものであるが、後者を優先する規範的序列を通じて理解されるものでもありつづけている。であるからこそ、子育て支援者たちが自らによる支援の意義に疑問を抱かねばならないような局面が生じることにもなるのである。

しかし、このようなジレンマは、自分たちの実践を、家族による子どもへのケアの代替としてではなく、家族関係への支援として定義することで回避されうるものでもあった。とはいえ、この定義を維持することは必ずしも容易ではなく、「キサラギ」のトワイライトステイのように、一人の支援提供者に対する支援の受け手の数の比率、提供者が子どもの親と関わることのできる時間などの条件によって、支援提供者が親と満足なコミュニケーションを行えない状況においては、むしろ職務の限定を帰結してしまうこともありうる。それに対して、川間さんによる支援においては、支援の受け手の限定を前提としつつも、その限定対象を創出するような働きかけがなされることで、家族支援としての定義が維持されていた。

ここで指摘しておくべきは、このような子育てを支援することのジレンマの解消は、「子ども」と「家族」との規範的連関を解除するという方法や「家族」の優先性を否定するという方法によって行われてはいないということである。たとえば、「家族には子育てに関わる責任はない」「親によって世話をされることが子どもにとってよりよいとは限らない」といった論理によっても、子育てを支援することのジレンマは解消されうるはずである。しかし、川間さんの行っていた親育ての試みはむしろ、「一生面倒みるのは親よ。だから、その親を育てることをやらなきゃ」と言われるように、家族に第一義的な育児責任を付与することを前提としながらなされており、川間さんは自分が支援を提供する親が子育てに積極的に関わるようになることを求めていた。すなわち、川間さんによっても、子育てを支援するという実践は、「家族」が「子育て」との間に有している規範的連関とその序列上の優越を通じて経験されており、その点では「キサラギ」のトワイライトステイのスタッフと変わるところがないとも言える。

とはいえ、川間さんの実践を単なる子育て私事論から成り立っているものであると考えるのも、また誤りであるだろう。筆者が川間さんの活動を支えている考え方について、「だから、そこがすごい面白いところかなと思っていて、いわゆる伝統的な育児は母親が」と述べようとするのを引き取って、彼女は「うん、わたしはそうは思わない。無理だと思う、無理ですよね」と自分が「伝統的な」子育て観をもっていることを明確に否定する。*20 しかし同時にそれに続けて、「だけど、子どもを産む選択をしたらば、子どもには絶対、時間とられるし、そういうことをやっぱり覚悟もしなくちゃなんないし」とも述べられる。「一人でがんばって育てればいいとは思わない、思えない、無理ですね」「子どもかわいいったって、二四時間かわいがるってのは大変難しいですよ（笑）」と、家族とりわけ母親だけが子育てをすることの困難を繰り返し語りつつも、「わたしは、どうせなら、あんたら楽しく育てなきゃ損よと思ってるわけ」と、母親が子育てを担うという現実が所与のものとされてもいるのである。

つまるところ、このような両義性は、先に述べたように、川間さんが自らの支援の対象を「二人三脚で子育てをしようっていう気持ちのある人」に限定していることに表現されている。一方では、「専業主婦なんかずっと続けられないじゃないけど(笑)。うん、いやあの、続けられないっていうか、だってさあ、子どもが育っちゃったら、家磨いたところで知れてますよ」と専業主婦でありつづける人生への距離感が示される。しかし他方では、常勤職としての職業キャリアを追求するのではなく、大学院生としての学業と非常勤の仕事を掛けもちしていた自分自身の子育て期の経験を以下のように振り返っている。

たぶん、あれがね、まったく全面的に預けちゃうと、自分で子育てした実感がなくて、「みんな人に育ててもらっちゃった」になるけど、それくらいのペースで預けてると、自分で子育て、自分の影響力をたっぷり与えられるような子育てができて、それで社会ともつながってられたっていう思いがあるの。

すなわち、専業主婦でありつづけることへの距離感だけではなく、子どもの世話を自分以外の誰かに任せきりにしてしまうこと、再びウタル(Uttal 1996)の表現を使えば、「代理的ケア」への距離感もまたここには示されている。そして、その両者から言うなれば中間的な距離にあるような、子どもを他人に任せきりにならないような範囲で預けつつ、社会とのつながりをもちつづけることが子育て期の過ごし方として肯定的に語られる。川間さんが行っているのはそのような過ごし方への支援に他ならない。したがって、川間さんによる子育て支援とは、「子ども」が「家族」のなかでケアを提供されるべきであるという意味での子育て私事論を前提としながらも、家族がそのような家族であるために、家族そのものを支援の対象としていくという実践である（木戸 2010 参照）。そこでは、子育て私事論と支援の論理が、前者が後者に一定の条件をつけながらも、後者が前者を所与のものとして包摂するような仕方で共存している。このような支援の論理による子育て私事論の包摂は、子育て私事論、抑制の論理がなお規範的効力をもっている状況において、子育て支援者が自らの支援を有意義なものとして理解しながら提供していくうえでの一つの解法ではあるだろう。

ともあれ、本章の考察から示唆されるのは、今後、子育て支援の提供がさらに推進されるのならば、支援提供者が自らの支援に疑念を抱かずにそれを遂行するための条件の整備が必要だということである。[*21] 子育て支援が家族支援であることの必要性は認識され唱えられてはいても（たとえば大豆生田・太田・森上 2008）、個々の提供者の実践や経験に焦点を当てながら、それがどのように達成されうるのか、それを支える条件はどのようなものなのかが議論されることはあまりない。

むろん、川間さんが行っているような支援の受け手の限定や限定対象の創出は、あらゆる支援提供の場で直ちに実行可能なものではないだろう。特に、「キサラギ」のような子ども家庭支援センターや保育園など、施設型支援において、川間さんが行っているような支援の受け手の限定を行うことは現実的でも望ましくもないかもしれない。ただし、個別には問題含みでありうる支援の受け手の限定も、地域社会のなかでそれを独自に行う支援提供者の数が豊富なものであるならば、つまり、受け手からすればそれぞれが独自の限定を行う支援提供者の選択肢が増加するならば、受け手の限定はそれ自体では問題ではなくなるだろう。このとき、それぞれの支援提供者の間には、結果的に相互依存関係や相補性が成り立っているということになる。

また、子育てを支援することのジレンマは、ネルソン（Nelson 1994）も指摘していたように、子どもが職業的なケア提供者の家庭においてケアを受ける場合にも生じうるものであることにも注意が必要である。すなわち、「キサラギ」のような施設型支援であれば提供者にジレンマが生じ、川間さんが提供しているような家庭型支援であればジレンマは生じないという対比が一般的に成立するわけではない。

しかし、いずれにせよ、本章における検討から、支援の受け手の限定を前提とした限定対象の創出が一つの実践的に有効な解決であり、川間さんが置かれているような条件が子育て支援の実践にとって重要性をもつということは主張しうるように思われる。とはいえ、川間さんは「保育ママ」であると同時に育児サークルを主催しており、川間家庭保育室および「さつき」は、家庭型支援とひろば型支援が一体化しているというやや特殊な子育て支援の場ではあった。それゆえ、川間さんに見出されたようなジレンマの解法およびそれを支える条件が、他の「保育ママ」にも見受けられるものであるのかについては、別途、検討される必要がある。また、近年、「保育ママ」は、日本の子育て支援施策においてより重要な位置を与えられつつあるが、そこでその位置を担うことが想定されているのも、家庭型支援に特化した「保育ママ」であるだろう。

したがって、次章では、本章の知見を踏まえつつ、より「保育ママ」に焦点化したインタビュー調査に基づいて、「保育ママ」による子育て支援の実践と経験について、子育ての家族責任、子育てを支援することのジレンマといった論点に注目しながら、さらに検討することにしたい。

注

＊1——本書で記述される対象者の属性は、いずれもインタビュー調査が行われた時点でのものである。

＊2——アメリカの家庭的保育の提供者や保育施設の職員を対象としたインタビュー調査においても、多くの対象者にとって、子どもと接することで得られる充足感が重要であるとの知見が得られている（Tuominen 2000, Fitz Gibbon 2002)。

＊3——もちろん、次世代育成支援推進法の第三条にも、次世代育成支援は「父母その他の保護者が子育てについての第一義的責任を有するという基本的認識の下に」なされるとあるように、子どものケアをめぐる権利・義

務がまったく「大人―子ども」という関係対の間のみに存在するものとして政策的に位置づけられているわけではない。しかし、第1章でも議論したように、近年の福祉政策が、子育てをめぐる権利・義務を家族からその外部へと相対的に移行させようとする指向を示していることもたしかだろう。

＊4――サックス（Sacks［1972b］1974: 216）は、「赤ちゃんが泣いたの。お母さんが赤ちゃんを抱き上げたの」という子どもの語りを分析して、われわれがそれを聞くときには、「赤ちゃん」という成員カテゴリーを「人生段階」と「家族」という二つの成員カテゴリー化装置に属するものとして聞いていることを指摘している。ここではこのサックスの議論を「子ども」というカテゴリーに拡張している。

＊5――「キサラギ」は同じ社会福祉法人が経営する母子生活支援施設と併設されており、Aさんはそこの母子指導員でもあった。なお、Aさんに限らず、五人の対象者の支援者としての経験を理解するうえでは、彼らが「キサラギ」が提供するトワイライトステイのスタッフであるのみならず、「キサラギ」が運営している学童保育に関わっていたり、母子生活支援施設のスタッフでもあったりするという側面を把握することも重要であると思われるが、本書では調査設計上、これらの点を扱うことができなかった。

＊6――この〇〇くんは、スタッフが「レギュラー」と呼ぶようなほぼ毎日のようにトワイライトステイを利用している子どもの一人であった。

＊7――同様にBさんも「トワイライトを始めて一番最初に思ったのが、やっぱり一〇時まで子どもをみるじゃないですか。わたしなんかは子どものときは八時とかに寝てたのに、一〇時ってみたいな。しかも、それからまた帰ってお風呂に入ってとかじゃないですか。なんかそれってどうなんだろうとちょっと思ったり」と述べている。

なお、Eさんは（二〇代前半、女性、アルバイト）は、「子どもは親のことをよく見てて、あの××くんってわかります？（××くん）とかは、『もっと長くしてくれればいいのに』って言うんですよ。『なんで?』って言ったらそしたら、『もっとお母さんが仕事できるのに』って言うんですよねえ。そういうの聞くとほんと切ないですねえ」と語っている。ここでEさんが行っていることは、AさんやBさんと少しやり方は異なるものの、やはり家族に子どもの基本的なケア責任を帰属する論理を通じて、トワイライトステイでの仕事について疑問を提示することであるだろう。

＊8――とはいえ、「他人の子ども」にケアを提供する仕事にともなう困難がこの点にのみ関わっているわけではもちろんない。たとえば、同僚との関係や勤務時間など職場環境の問題が対象者から語られることもあるが、本書ではこれまで述べてきたような問題関心から、「子ども」カテゴリーの二重性が論理的な困難をもたらしうることに注目している。

＊9――Aさんは、新人時代の自分の「失敗」を振り返るなかでも、自分の仕事についての理解が変化してきたことに言及している。「トワイライトのなかで、小学生が保育園児をいじめてるっていう」事例について、何度も注意したにもかかわらずいじめを止めなかったその小学生に対して「もうそこで手が出てしまった」「もう来なくていい」と言ったという話をした後に、彼は「たぶんいま推測するに、やはりお家でのお父さんとの関係、結局、こっちに来て、トワイライトにまあ五年生にもなっていなきゃいけないという自分っていうのはたぶんいろんなのが含めてそこに出てた」と解釈したうえで、「後でもやっぱこう失敗したなあっていう部分がねえ」と振り返っている。

ここでAさんは、現在の自分の仕事についての理解と比較しながら、新人時代の自分のふるまいを反省している。その反省において、新人の自分と現在の自分を隔てるものとして語られるのが、いじめる側の子どもへの対応の仕方であり、現在の自分であれば、子どもの問題行動をその子どもの家族に関わる問題という観点から把握したうえで、それを踏まえた対応をするだろうということである。

＊10――H・フィッツ・ギボン（Fitz Gibbon 2002）も、施設で大勢の子どもにケアを提供している者は、家庭で少

数の子どもにケアを提供している者よりも、親とのコミュニケーションの欠如について不満を述べる傾向が強いと指摘している。

＊11――三井（2004）は、看護職にとって限定性がもつ意義とその限界、さらにはそれを乗り越える方途について詳細に論じている。

＊12――ただし、これはDさんが子どもの家族との関係に無関心であるということではまったくない。むしろ、「僕は自分から深く聞いたりしないんで、向こうから話せる状況をつくろうというか」とか「僕はあまりその向こうから話してこなければ、絶対話さないですし」とも述べられているように、Dさんによる職務の限定の語りは相手から話しかけてくるのでなければという留保つきでなされている。このことは、その語りに続いて、ある子どもの母親との関係について、「お母さんのほうから、例えばちょっと学校のほうでこういうことがあってという相談」をされたことをきっかけに「よく話すように」なったという例が挙げられていることにも示されているだろう。とはいえ、Aさん、さらには後述する「さつき」の川間さんと比較したときに、Dさんの語りにおける職務の限定は際立っている。この点については、注13も参照のこと。

＊13――実際、Dさんがまだ新人であるのに対して、対象者のなかではベテランに属するAさんが「だから僕も最初入って三年四年のときは、子どもと遊んでればっていうのがやっぱり頭にあったんで」と振り返るように、子どもの家族との関係性という問題は、経験を重ねるにつれて視野に入ってくるものであるとも考えられる。言い換えれば、「それから立場的に、徐々にお母さんとのやりとり、施設でのやりとりっていうふうになってくると、そういった部分でいろいろでてきて、そこらへんがちょうど四年、五年、んー、そのぐらいのときはちょっとそういうのが、まあ壁に当たったというか」と述べられている通り、Aさんの「成長の語り」において、新人時代に「子どもと遊ぶというのが中心の仕事」であったことは、現時点での自分の職務内容との対比のもとに置かれている。

＊14――なお、「保護的ケア」とは、母親が子どもの主な養育者は自分であり、ケア提供者の責任は自分のいない間に子どもを見守ったり基本的なニーズに応えたりすることにあるという限定的な定義を採用している場合を指す。「代理的ケア」とは、主に子どもの世話をしているのはケア提供者であると定義される場合のことであり、このとき母親たちは自分の子どもが母親から与えられるはずのものが、情緒的にも物理的にもケア提供者から与えられていると感じるという（Uttal 1996）。特に後者の「代理的ケア」は、「預けっぱなしにしない人」という表現で、川間さんの忌避の対象になっているものと重なるところが大きい。

＊15――川間さんはこのように母親の職業上のキャリアを重視しているという点において、上野千鶴子（2011: 302）が家事介護ワーカーズ・コレクティブのワーカーについて指摘しているように、「仕事を優先して、母親の役割を果たさないことへの批判」から、「キャリアウーマン支援」を忌避するケア提供者や、母親の就業が経済的な必要に迫られたものでない場合に、自分たちに子どもを預ける母親を非難するケア提供者とは対照的である（Uttal & Tuominen 1999 参照）。とはいえ、彼女たちはいずれも選別主義的な支援観に立っているという点においては共通していると言うこともできるだろう。

＊16――したがって、職務に限定性をもち込んでいるという点ではDさんと川間さんは同じであるが、いったんケア提供を通じた関係性が形成された後の職務内容の定義は川間さんのほうがより広いと考えられる。

＊17――実際、川間さんは、保育園が見つからないなどの事情で、「ほんとは嫌だけど、仕方なく預かったという例」があるとも述べている。そのような場合には、自分の理念に則した家族への支援が実践できなければ、子育てを支援することのジレンマが問題化しうるだろう。

＊18――「ちづちゃん」というのは川間さんのファーストネームを縮めた呼び名である。「さつき」に関わる親子のほぼ全員が川間さんのことをこの愛称で呼んでいた。なお、この呼び名も名字と同様に、匿名化のために実際の呼び名から変更されている。

＊19――三井（2004: 108–109）は、看護職が限定性を乗り越える方途を探るなかで、「戦略的限定化」（strategic specification）という概念を提示して、これを通じて看護職が患者の「生」の固有性へと開かれる可能性について論じている。戦略的限定化とは、「自らのなすべきことやできることを限定すると同時に、その限定されたなかではありとあらゆることを試みること」である（三井 2004: 144）。川間さんの試みは、支援の受け手を限定してしまうという意味において、三井の述べようとするところとは異なるとはいえ、自分が支援の対象として限定した範囲のなかでは多くのことを試みようとするという点で一種の戦略的限定化と位置づけることもできよう。

＊20――ただし、ここで「伝統的な」と言及されている子育てのあり方は、いわゆる伝統社会に広く見出すことのできるものではない（落合［1994］2004, 小山 2002）。

＊21――そもそも、子育てを支援することのジレンマの背景には、日本社会における長時間労働や育児休業の取りにくさなどの「構造的」な問題がおそらく存在している。川間さんも「子どもが一緒にいてって求める間はできるだけいられるような社会にしていくってことが大事」と述べているように、子育て支援は、広範な社会制度の組み換えによる子育て環境の再構築をともなうものとしてなされるべきであろう（前田 2004）。そのことによって、支援提供者が経験するジレンマやそれに対して個人的対処を行う必要性も軽減されうると考えられる。

第5章

「保育ママ」の語り

――家庭性と専門性の間で

1 「保育ママ」への注目

一九九〇年代以降にさまざまな子育て支援施策が展開されていくなかで、近年になって、乳幼児保育の選択肢として改めて注目されているのが、家庭的保育、いわゆる「保育ママ」制度である。「保育ママ」とは、保育所など施設型の集団保育とは異なり、主に保育者の自宅で少人数の乳幼児に保育を提供する者のことを指す（福川 2000）。「保育ママ」制度は、戦後まもない時期から一部の地方自治体による助成事業として存在していたが、一九九九年の「新エンゼルプラン」以降、認可保育所が対応しきれない三歳未満児への保育ニーズに応えるものとして、国レベルでも政策上の位置づけを与えられ、子育て支援サービスの一環としてその充実が目標とされている（内閣府 2007）。さらには、第1章でも述べたように、二〇〇八年の児童福祉法改正により、二〇一〇年度からは家庭的保育事業が児童福祉法上の事業として位置づけられるようになった（内閣府 2009）。

「保育ママ」による家庭的保育の提供は、子どものケアの一部をその家族成員以外へと移行させている点においては、「育児の社会化」の理念を体現するものであるが、他方では、「保育ママ」の家庭で少人数に対して行われることを特徴としている。「保育ママ」について論じる議論の多くが、この保育形態の意義をそこに求めており、実際の家庭に近い環境で、乳幼児が保育者との間に持続的な関係性を形成しつつ、個別的で柔軟なケアを提供されることの重要性が主張される（福川 2000, 畠中 2000, 小野・櫃田・伊志嶺 2001）。[*1] そして、このような議論は、子どもにとっては自らの家庭でケアを提供されるのが最善であることを前提にしたうえで、「保育ママ」制度を「子どものニーズと母親のニーズとの中間に位置する解決策」（栗山 2008: 4）として位置づける含意をもつ。つまり、「保育ママ」による子育て支援は、待機児童解消のための応急策であるのみならず、「育児の社会化」と子育て私事論という二つの理念が併存するなかで、いずれの立場からも比較的抵抗の少ない言うなれば調停案としても把握されているのである。

本章では、東京都の「保育ママ」三五名に対するインタビュー調査に基づいて、この「保育ママ」による子育て支援の提供が、その提供者によってどのように実践され、またいかなるものとして経験されているのかを明らかにすることを試みる。「保育ママ」制度については、ケア提供者が子どもだけではなく子どもを預ける親との間にも緊密な関係を形成しやすく、育児に関する情報提供や悩みの相談など継続的な支援が可能であることが論じられている（福川 2000, 小野・櫃田・伊志嶺 2001, 尾木 2009）。しかし、米国の「家庭的保育」（family day care）についての研究では、ケアが社会化された状況における家族の位置づけが曖昧ななかで、家庭的保育の提供者と利用者である家族は、絶えず相互行為的な交渉を通じて、子どもをめぐる責任の配分を個別に行わねばならず、そこには緊張やコンフリクトが生じる場合もあると指摘されている（Nelson 1989, Uttal & Tuominen 1999,

Tuominen 2000, Owens & Ring 2007)。

そこで、以下では、前章で得られた子育てを支援することのジレンマとそれが解かれる条件についての知見を踏まえて、「保育ママ」の職業上の経験のうち、「保育ママ」と子どもの家族、とりわけ母親との間に子どもへのケアとその責任の配分をめぐってどのような状況が生じているのか、先に述べた二つの理念の間での調停が「保育ママ」によっていかにして成し遂げられているのかに注目して検討を行う。このような作業は、拡充が目指されている「保育ママ」による子育て支援が、それに期待されている支援の質をともなうかたちで遂行されることを保障するための方策を立てるうえでも不可欠であるだろう。

2 「保育ママ」であることと家庭性の論理

母親への育児責任の帰属

対象者たちが「保育ママ」の仕事に就くまでの経緯はさまざまであるが、仕事を始めた動機を問われた対象者の応答にしばしば見出されるのは、母親としての自らの子どもや家庭への配慮についての言及である。たとえば、Aさん（四〇代前半、「保育ママ」経験五年）は、待望の長男の出産後、しばらく自分の育児に専念していた。[*2] その後、自らを「子どもマニア」と呼ぶAさんが、「一人育てただけでは満足ができなかったんで、もっともっともっと育てたい」と思い、子どもの就学と同時に始めたのが「保育ママ」の仕事であった。[*3]「自宅で働くことができた」ために、「自分の子どももも大事なんですけど、それもうちにいることができるので満足できる」とAさんが言うように、「保育ママ」の仕事は子どもと関わる職業に就くことと家庭内における自分の子どもへの配慮を両立可能にするための選択肢として語られている。

また、教員の仕事を結婚退職したBさん（六〇代前半、「保育ママ」経験二五年以上）は、三〇歳のころに夫を亡くした際に、自分が仕事をするにしても、「自分の子どもも学校から帰ってきて、寂しい思いをさせたくないっていうのがあったんですよね、わたしの頭のなかに」と述べている。「父親が亡くなって、いないうえに、子どもが帰ってきて、母親が外で働いて」という状況に抵抗を感じていたBさんだったが、「この仕事ができるっていうことがわかりまして、わたしにとってはそれこそ自分の資格を生かして、自分の子どもも一緒に育てられるっていうところに結局決心しました」と言う。

AさんとBさんは、職業を求める事情こそ異なるものの、いずれも「保育ママ」の仕事を語るにあたって、母親である自らに子どもに対するケア責任を帰属する規範を参照している。つまり、Aさんにとっては実子以外の子どもと関わる職業に就くこと、Bさんにとっては亡くなった夫の代わりに収入を得ることを実現しながらも、母親として自分の子どものために家庭にいられることが、彼女たちが「保育ママ」になった理由として挙げられているのである。

このとき、「保育ママ」の職業経験は、そもそもその端緒において、伝統的な母親への育児責任の帰属を通じて構成されている。言い換えれば、彼女たちは家庭でのケア役割とは別に職業をもつという点では、「男は仕事、女は家庭」という狭義の性別役割分業とは異なる生活を実践しながらも、その職業経験は、「子どもは母親の手によって愛情をもって育てられねばならない」という母親に子どものケア役割を配分する規範的論理によって組み立てられている（大和 1995 参照）。相馬(2004)は「子育ての社会化」を担うはずの「保育ママ」制度が、主婦層によって自分の子育てと両立可能なものとして担われることを前提としているため、「地域で女性が子どもを育てる」構造を再生産する側面をもつと指摘しているが、「保育ママ」自身が自らの仕事を記述するこれらの語りも、「子育ての社会化」の理念とは不整合な、子どもへのケアが家庭において提供されることを序列的に優先する言うなれば「家庭性の論理」によって支えられている。そして、このことは対象者たち自身によっても頻繁に用いられる「保育ママ」という通称が、担い手の性別を前提とするのみならず、彼女たちの家庭内での地位を職業名に転用していることにも端的に表れているのである。*4

「家族」に関わる語彙の比喩的使用

家庭性の論理によってその選択の理由を与えられる「保育ママ」の職業は、しばしばその内実についても、この論理の延長線上で、対象者によって説明される。そのことは、彼女たちが預かっている子どもやその親との関係性を表現する語彙とその用法に表れる。たとえば、Dさん（六〇代後半、「保育ママ」経験八年）は、自分が母親と子どもとの間に築いている関係性について以下のように語っている。

親しみを込めてね、〇〇ママっていう感じで、何かあればパソコンのメールで相談してきたり、こっちもパソコンでお返事書いたりとか、ほんとうに信頼しあって好意的な関係を続けましたね。[*5] まだ学生さんの二一、二二の若いお母さんは、わたしのことは「血はつながってないけどお母さんのようだ」とかね、そういうふうに言ってくださったり。わたしもほんとうに自分の子どものように思うし、預かってる子どもも自分の子どものように思わないと、同じようにきちっとした保育できないでしょう。

ここでDさんは、自分が「〇〇ママ」と呼ばれていることを引き合いに出して、自分とその呼称を用いている者との関係性が家庭的なもの、この場合には、信頼や好意をともなう親密なものであることを示唆している。さらに、Dさん自身も母親とその子どもを「自分の子ども」のように思っていると述べることによって、彼らとの関係性が親密なものであるという含意はさらに強められる。

そして、このような家族に関わる語彙の比喩的な使用は、Dさんが自分の勤めていた保育園における呼称との対比で、「ほんとうにどっかでこう垣根をつくって、先生です、子どもで父兄ですみたいなのが取っ払われてる」と現状を説明するように、施設における子どもへのケア提供についての言及をしばしばともなう。

幼稚園や保育園で働いた経験があるEさん（六〇代前半、「保育ママ」経験一〇年）も、子どもの親との関係性について、「子どもの家庭のことをけっこう相談に乗るっていうか。昔もそうだけどいまもね、『もううちの主人がね、こんななんですよ』とか言ってくれるのね」と述べたうえで、「大きい保育園では、信頼しててもそこまでの話はできないですよね。みんながいっぱいいるしね。でも、この家庭福祉員っていうのはわりとそういうお婆ちゃん的存在に、いまは、嫌ですけどなってきました（笑）」と、自分と親との関係を表現する。Eさんは預かっている子どもとの関係性についても、「基本はお母さんの代わり。昼間の八時間、働いてる間は、子どもが寂しくないようにママの代わりをしてあげる。（中略）保育者じゃなくって、お母さんと同じような雰囲気をもっていてあげたい」と言う。このように、「保育ママ」が提供している環境は、施設において集団に対して提供される保育とは異なり、子どもにとっても母親にとっても、「家庭の延長」であると特徴づけられる。そして、そのことは、Eさん自身によって、「大きい保育園とかでは味わえなかったことですね」と肯定的に捉えられている。

「保育ママ」の仕事やそこで形成される関係性の親密さを表現するのに際して、当の「保育ママ」たちによって、「ママ」「お婆ちゃん」「お母さん」といった家族の語彙を用いた比喩が使用されることは（Nelson 1990, Tuominen 2000, Mooney 2003 参照）、「保育ママ」という通称がもつもう一つの含意を示すものであるだろう。すなわち、この名前は、単に彼女たちが女性であることを前提としているのでも、家庭内で母親役割を有していることを表しているだけでもなく、そのような属性をもつ彼女たちが子どもに職業的に提供するケアが、母親が自分の子どもに提供するような「家庭的な」性質をもつことをも意味している。

女性が私的な空間において子どもにケアを提供するという状況を適切に記述するために利用可能な語彙はきわめて限定されているが（Nelson 1994）、彼女たちはその限定を受け入れながら、「家族」という成員カテゴリー化装置に包摂される「ママ」「お婆ちゃん」「お母さん」「娘」「子ども」といった語彙を用いて自分や預かっている子ども、その親を記述していく。それは「保育ママ」である自分と子どもおよび保護者との関係を擬似的な「親—子」の関係や「祖父母—孫」の関係として特徴づけることであり、そのように自分たちが提供しているケアや築いている関係性を家族になぞらえて母業の延長として提示することで、自らが職業として行っていることを正当かつ価値あるものとすることが成し遂げられる。そしてこのとき、家庭性の論理は、子どもへのケア責任は本来、家庭で果たされるべきであるという「子ども」と「家族」との規範的連関を前提としつつも、それが充分に実現されない場合には、なるべく家庭に近い関係性のもとでケア提供がなされることを望ましいものと措定するために参照されている。このような意味において、「保育ママ」の仕事は家庭性の論理に支えられているのだ。

家庭性の論理の陥穽

しかし、「保育ママ」たちが家庭性の論理を参照して自らの職業経験を組み立てることは、彼女たちが「保育ママ」として働きつづけるうえで、前章で「キサラギ」のスタッフについて指摘したような、自らの仕事についての疑問を経験するための条件ともなる。その疑問は、一つには、彼女たちに子どもを預けている家族、主に母親の子どもとの関わりに対するものとして語られる。研修制度で認定を受けたFさん（五〇代後半、「保育ママ」経験八年）は、「やっぱりちっちゃいときは親が責任もって、すべてのいい悪いを教えて育てていくべきだと思うんですね。（中略）何もそんなちっちゃいうちに預けて働くことはないだろうと、自分でこういう仕事してながら思います」と話す。続けて、Fさんは以下のようにも述べている。

人間の子ども、いろんな成長があるじゃないですか。そこをね、初めてハイハイした、立った、歩いた、それをママたちが見ないでわたしたちが見ることになることも多いじゃないですか。そういうのを考えると、なんか悲しくないかなあと思うのね。だから、「立ちましたよ」「歩きましたよ」ってこっちから聞かされて、「ああそうですか」ってたしかに嬉しそうにはしてるんだけど、悲しくないかなあと思うのね。わたしなんか、全部それを見てきたじゃないですか、自分の子どもを育てるのに。だから、いつごろこうだった、ああだったって思い出すと話もできるけども、いまのお母さんたち、それなんで、ちょっと寂しいかなあと思うんだけどね。

「最近、ほんとにちっちゃい子を預けるんですよ。びっくりしちゃいます」とも言うFさんにとって、幼い子どもへのケアがもっぱら母親によって提供されるのは当然のことであり、自らもそれを実践してきたことが語られる。これらを前提にしたうえで、自分とは異なる選択をした母親たちへの疑問が表明されるのである。

しかし、その当のFさんが三歳までの子どもを預かる「保育ママ」の仕事に従事することは、結果として、その前提が実現されない親子関係の形成に関与することでもある。つまり、家庭性の論理に依拠しながら「保育ママ」でありつづける彼女は、「自分自身では受け入れることのできないサービスを提供している」のである（Nelson 1994: 193）。

したがって、親に対するこのような疑問は、ひるがえって「保育ママ」である自分自身へと向けられる場合がある。Gさん（六〇代前半、「保育ママ」経験二四年）は、「長いことこんなことしてるから、なおね、はたして人の役に立ってると思ってやって、本人（Gさん）はそのつもりでいたんだけど、わたしがこんな仕事をするがために、この子は何か親とのあれが希薄になってるんじゃないかっていうので、ちょっと考えさせられることはある」と述べる。Gさんが例に挙げるのは、親の帰りが遅くなったときの子どもの様子であり、「どんだけ昼間キャッキャ言って遊んで、それでうちのおじさん（Gさんの夫）とも家族同然につき合って、家庭と同じような状況」でも、子どもが「やっぱり夕方になると親を探す」姿を見ていると、自分が「この仕事をしてて、親のそれ（要望）を聞いてあげてるために、この子は寂しい思いをしてるって思ったときに、すっごい自分の仕事を、なんでこんな仕事選んだろうって思うとき」があるという。

このように親が子どもにとってもつ意味に優先性が付与されることで、親が子どもと充分なコミュニケーションをもてないでいる状況が問題化されるだけでなく、子どもに長時間にわたってケアを提供することによって、そのような状況をつくりだしている自分の仕事にも疑問を抱くことになる。つまり、前章で施設型支援の提供経験について指摘したような、「親」と「子ども」の間にある規範的な連関を通じて自らのケア提供行為を理解することによって、子育てを支援することのジレンマが生じてくるという事態は、「保育ママ」という家庭型支援の提供経験においても観察することができるものである。

さらには、「保育ママ」がこのような疑問を抱くことになる状況がつくりだされるプロセスにも家庭性の論理は関わっている。すでに述べたように、「保育ママ」たちは、子どもやその親との間に築いた関係性を、しばしば家族に関わる語彙を比喩的に用いることによって、親密で価値あるものとして表現する。しかし、以下のGさんとHさん（五〇代前半、「保育ママ」経験五年）による保育時間の延長をめぐるやりとりのように、「保育ママ」によってその家庭性に両義的な意味合いが与えられることがある。

Gさん：家庭的な雰囲気っていうかね、つながりみたいになっちゃって、そこのところのけじめがつけがたいというか、線を引けないところ。
Hさん：コミュニケーションが深くなればなるほど、そこの家庭のなかにも入りこんじゃっているところがあるから、そうするとわかっちゃってるから、もう断れないっていう。その状況がわかれば。
Gさん：やっぱり情にほだされるっていうところがね、そのへんはね。
Hさん：だからといってこの子をね、
Gさん：一番犠牲になるのは子どもですもん。だから結局。
Hさん：うちが拒否した場合、この時間預かれないって拒否した場合、じゃあどうするのって聞いたら、お母さん、デパートの一時預かり、あるでしょう。別に予約もしないで預けるところってあるじゃない。あそこに預けるっていうわけ。それを聞いちゃうとね、「この子をそこに預けるの?」と思ったら、もうね、嫌だと思うと、「じゃあ、わかった、わたしがみてるから」ってなるわけ。「別に用事がないからいいよ」ってなって、結局こっちが無理するっていうことも。だから、そこで引いちゃえばいいんだけど、だけどさ、その子のこともよくわかってるし、そういうことを聞いてしまうと。

Hさんも「保育園ってそういう個人のことを絶対にやらない」と対比を行うように、親や子どもとの間の個別的で柔軟な関係性は、「保育ママ」だからこそ築くことのできるこのケア提供形態の大きなメリットと位置づけられている。その一方では、親や子どもと密接なコミュニケーションをとることで、家族についての個別的な情報を得たり、親密性が増したりするほど、規定時間外のケア提供をフォーマルなルールに照らして一概に拒否することは困難になっていく。しかし、先述のGさんの語りにも見られるように、このような規定時間外におよぶ長時間のケア提供こそが、彼女たちに問題含みの経験をもたらす。つまり、「保育ママ」が自分の仕事を意義あるものとして理解するための資源である家庭的な親密性は、彼女たちがケアを提供している親子間の親密性の阻害を通じて、結果的には「保育ママ」の自己理解を不安定化するという逆説的な効果ももちうるのである。

3 専門性の論理とその再定義

家庭性の否定？

前節では、「保育ママ」たちによる自らの実践や経験についての語りが、家庭性の論理に支えられていること、さらには、その家庭性が彼女たちに逆説的な効果をもたらす可能性を指摘した。しかし、他方では、この家庭性を否定するかのような語りが対象者によってなされることがある。

Iさん（六〇代前半、「保育ママ」経験一〇年）が「保育ママ」として働く自治体では、研修制度による認定が行われているが、そうした保育士などの資格をもたない「保育ママ」について、彼女は以下のように述べている。

そういう人はですね、よく聞いてますとね、「お婆ちゃんでいいよ」と。よく、もうお婆ちゃん、もう年からなんかしてみんなお孫さんですから、このへんいくと。だから、「お婆ちゃん感覚でいいんだ」と言ってますね。やっぱりわたしはそこでですね、ちょっと引っかかりがあるんですね。

「保育ママ」たちが自らの仕事を有意義なものとして説明するための手段でもある、自分と子どもやその親との関係性を家族になぞらえる行いがここでは否定的な意味合いをもつものとして語られている。そして、その家庭性の否定は、「そういう人っていうのは、保育って意識が少ない感じがする」というように、研修制度で認定を受けた「保育ママ」に「保育のプロ」としての認識が欠けていることとの指摘や、「仕事があればいいとかね、この場がケガがなくて過ぎればいいっていうもんじゃない。『それは孫でしょう』と言いたい」といった彼女たちの子どもへの関わり方についての非難として行われる。つまり、ここでは「保育ママ」が提供しているケアの家庭性と対立するものとして、言わば「専門性の論理」を導入することで、資格をもつ専門職としての自分たちの「保育」とそうではない彼女たちの「お婆ちゃんが孫をみる」ような行為との間の序列づけを行うことがなされているのである。

このような専門性の論理の参照は、研修制度で認定された者のなかには「小荷物預かり的な人もいる」ことや、資格をもつ「保育ママ」にも「『どうせわたしは預かってるだけだから』っていうような」考え方の者がいることを批判するGさんらによっても行われている。相馬（2004: 42）が、「保育ママ」による自身の位置づけに「揺れ」が生じていると指摘するように、対象者の大半は、家庭性の論理と専門性の論理を状況に応じて使い分けることによって、自己理解を組み立てているものと思われる。*6

専門性の論理の参照を通じて「保育ママ」の仕事を実践していくことは、前節で指摘したような家庭的な親密性がもつ逆説的な効果や子育てを支援することのジレンマを回避する助けとなる可能性もある。ネルソン（Nelson 1990: 219）は、一部の「家庭的保育」の提供者が、専門的なケア提供者としてのアイデンティティを強調し、子どもやその親に対して教師的スタンスをとることを見出したうえで、このスタンスの採用によって、子どもに対する「愛着の切り離し」（detached attachment）が困難であるためにもたらされる職業上のジレンマが解消されると論じている。しかし、このようなかたちで専門性の論理を採用することは、そもそも彼女たちにとってのこの職業のメリットである保育園では経験することが難しい子どもやその家族との家庭的な関係性を掘り崩してしまうことにもなる。つまり、家庭性を否定することで「保育のプロ」としての専門性を強調するだけでは、「保育ママ」の仕事は単に施設での集団保育に準じたものとして位置づけられる結果になりかねないのである。

家庭的であるための専門性と家庭性の論理を現実化することの専門性

だが、「保育ママ」による専門性の発揮は必ずしも家庭性を否定することによってのみ行われるわけではない。たしかに、Ｉさんがそうであったように、「保育ママ」が自らの職業の専門性について語る場合、それはしばしば保育士などの資格、保育園で働いた経験の有無などを基準にして、それをもつ者ともたない者を序列づける行いとしてなされる。そして、「保育ママ」の専門性がこのように保育所保育を基準として捉えられるときには、専門性をもつ者ともたない者の違いは、主として保育についての専門的知識に基づいた子どもへの関わり方にあるとされることになる。

しかし、「保育ママ」の職務はそれを越えたところにも見出されることがある。たとえば、Ｊさん（五〇代後半、「保育ママ」経験七年）は、「保育ママ」の仕事のなかで子どもと関わるにあたって心がけていることを問われて、以下のように答える。

ほんとうに心がけているのは、もうまずはほんとうはお母さんですよ。子どもっていうかお母さんが気持ちを解放する。そうすれば子どもは絶対、親が緊張したら子どもは緊張するので、わたしたちが預かっているのは乳児なのでね、特にそれは顕著なんですよね。

このように「保育ママ」の仕事が、子どもへのケア提供のみならず、子どもの親との関わりを含んだものとして定義される場合には、そこで発揮される専門性も保育所保育を基準にしたそれとは異なるものとして再定義される必要がある。*7 以下でＪさんが続けて説明しているのは、この「お母さんが気持ちを解放する」ためのＪさんなりの工夫である。

そういう意味では、わたし、よく「ならし保育」とか「寝る保育」って言い方してるけれども、ふつうの保育園なんかだと、たとえば、今日は午前中一〇時までとか、じゃあ少し延ばして一二時までとかっていう、そのお母さんと離れてという保育ですよね。それから、保育ママさんでもそういうやり方をしてるところがほとんどだと思うんです。わたしはそうじゃなくて、親子一緒にうちで生活してもらうんです。子育て支援みたいに。[*8]（中略）それで、いざ（Ｊさんのところに子どもを預けに）来るとなったら、とにかく「一緒に来て」って。同じ半日でも、半日親子を離すんじゃなくて、一緒に半日過ごしてもらって、一緒に同じご飯を食べてもらう。そのときにお母さんに、「うちで食べさせるのと同じように食べさせて」と。（中略）で、寝かすときも、「おうちでもし添い寝でおっぱいなら、そうやって寝かせて」って。で、「なるべく近いようにするから」。だから、保育園のやり方があって、ここのやり方があって合わすんではなくて、その子の家庭と同じようにわたしたちが合わせるっていうやり方をしてるんですね。

Ｊさんは、実際にケア提供を始める前の数日を使って、親子と一緒に半日を過ごしながら、母親が子どもと食事をしたり寝かしつけたりする様子を観察したうえで、自分はその様子と「なるべく近いようにするから」と母親に伝えている。彼女がこのように「その子の家庭と同じようにわたしたちが合わせるっていうやり方」をすることで、「ママもリラックスして、おばあちゃんちかおばさんちに来たような感じ」になり、それは子どもが安心してJさんの家で過ごすにあたっても重要であるという。

ここでJさんが行っているのは、自分が職業的に提供しているケアの性質を、母親が家庭で子どもに提供しているそれへと意識的に近づけようと試みること、さらにはそれを通じて、子どもと離れることについて「ナイーブになってるお母さん」の緊張を取り除こうとすることである。Jさんは、このように自分が「どうやって親子がうまく生活できるようにするか」を重視して親子と関わるのは、「この家庭で、わたし自身がリラックスしてるから」こそできることであると同時に、「勉強して学んだこと」であるとも言う。つまり、Jさんが獲得している「保育ママ」としての専門性は、家庭性の否定というよりも、むしろより積極的に家庭的であることを成し遂げるための技巧なのである（木戸 2010 参照）[*9]。したがって、「保育ママ」が提供しているとされる家庭性は、彼女たちの母親としての育児経験や自宅で少人数を対象にするという支援の提供形態のみによって保証されるものではない。

また、Kさん（三〇代前半、「保育ママ」経験五年）は、子どもとの関わりで心がけていることを問われて、まず、「子どもにとってみたら、ほんとに家なんですよね。『第二の家』って言いますけど実際は、もうどっちが家かわかんないと思うんですよ、赤ちゃんにとって。おうち帰ったらもう寝るだけですから」と述べる。そのうえで、だからこそ、「やっぱり、これからの人生、お母さんとのほうがずっと長いわけだから、やっぱりね、お母さんを一番にしてあげないと」と答えている。[*10]

Kさんの語りからそのための工夫として見出すことができるのが、Fさんも言及していた子どもが成長のなかで最初に見せる行動への対応である。たとえば、ある子どもが保育中に「最初に寝返りできちゃった」ときに、Kさんはあえてそのことを母親に伝えないでおいた。すると、「たまたまその日の夜におうちでも（寝返りを）やってくれたみたいで」、次の日に、母親が「寝返りがなんとできたんです」と「（連絡）ノートにすごく嬉しそうに書いてきた」という。それを受けて、「よかったですね。実は今日、うちでもやってみせてくれました」と応じることで、Kさんは「最初にできたのはおうちっていう感じにちょっとストーリーをつくって」いる。初めて寝返りをしたり、歩いたり、話したりなどの出来事に立ち会うのは実際には「保育ママ」であることが多いのだとしても、Kさんはこのような工夫を通じて、「その喜びを一番に親が味わえるようなふうにして、保護者自身が『子育て楽しい』って思える感じにもっていくようにして」いる。

Kさんは、Fさんと同様の疑問を抱きつつも、ただ疑問をもつにとどまるのではなく、母親が「どうせ（保育）ママさんとこでやっちゃうんでしょう」「うちで何もしなくても、ママさんとこでなんでもやってもらえちゃうから」と考えることを防ぐために、同じ状況を、親の子どもへの関わり方に働きかける契機へと巧みに読み替えている。子どものケア責任の母親への帰属を優先する家庭性の論理と、しかし、その責任が現実には充分に遂行されていないという認識とを所与としながら、子どものケアに関わる重要な出来事に立ち会うのは自分ではなく母親であるというストーリーを提示してみせることによって、ケア責任の所在を明確にして、それが放棄されることを避けようとしているのである。

Jさんと Kさんの実践から見えてくるのは、「保育ママ」たちは、その職業経験を通じて、自分が提供するケアの家庭性や、母親と子どもの関係性が家庭性の論理に則したものであることの実現を課題とするようになり、また、その実現のための技法を発見していくということである。これらの家庭的であるための技法、家庭性の論理を現実化するための技法こそが、施設での集団保育とは異なり、少人数の親子を相手にするという条件に置かれた「保育ママ」ならではの専門性であると言えよう。

さらに、このようなかたちで「保育ママ」としての専門性を発揮することは、単なる「保育のプロ」としてのスタンスの採用とは異なるかたちで、家庭性の論理を採用することがもたらす自己理解の不安定化も回避することにもつながりうる。Hさんは、「保育ママ」の仕事の楽しさを実感した例として、ある母親との関わりを挙げている。その母親は、ダウン症の子どもを産んだ後、その子の姉を保育園に迎えに行く際にも、「いつもお母さんは赤ちゃんを連れてくんだけど絶対、赤ちゃんの顔見せなかったって。だからみんな（その赤ちゃんがダウン症であることを）知らなかった」というほどに、ダウン症の子どもが産まれたことで「すっごい葛藤」を抱えていたという。後に彼女はダウン症の子どもをHさんに預けることになるが、あるとき、『Hさん、〇〇（子どもの名前）は歩みが遅いけどね、でもね、前の子のときは〇歳から保育園に預けちゃって働いてたんだけど、二倍ね、この子の子育てはふつうの子より倍楽しめると思えば楽しい』って言ってくれた」と振り返る。この母親のように、「子育てって楽しいんだっていうふうにお母さんが変わってくれた」と実感することで、Hさんも「ああ、この仕事ってやっぱり楽しいよなって思う」という。

母親が「子育てが楽しいと思えるようにもっていく」ことを自らの課題としているHさんにとって、母親が育児を肯定的なものとして捉えられるようになること、したがって、ケアを提供している子どもの家族関係が家庭性の論理に則したものに近づくことも職務上の目標の一部である。そして、自分の働きかけを通じてそれが実現されるときが、彼女が「保育ママ」の仕事をやりがいのあるものとして経験できる機会となっている。このHさんの経験が示唆しているのは、「保育ママ」にとって家庭性の論理が重要であることの意味は、自分の子どもへの配慮やケアを提供している親子との家族にたとえられるような親密性だけではなく、親子やその関係性への職業的な働きかけによって達成されるものという観点からも捉えられる必要があるということだろう。

4　「保育ママ」にとっての家庭性と専門性

本章では、「保育ママ」の語りに基づいて、彼女たちの実践と経験を記述するなかで、「保育ママ」の仕事を支えている家庭性の論理と専門性の論理という二つの論理を抽出した。そのうえで、子どもへのケアが家庭において提供されることを序列的に優先する家庭性の論理と、その延長線上で主張される「保育ママ」によるケアの家庭性は、自分たちの仕事を有意義なものとして経験するための資源であるのみならず、自己理解を不安定化する効果をもちうること、そして、専門性の論理の参照はしばしば家庭性の否定としてなされるが、施設型の集団保育とは異なるかたちで「保育ママ」による専門性が発揮されることで、仕事のやりがいが獲得される場合があることを論じてきた。

以下では、まずこのような検討を踏まえつつ、特に家庭性と専門性という論点に着目することで、現在、過渡期に置かれている「保育ママ」をめぐる問題構制について、二つのことを指摘しておく。

第一に、「保育ママ」が子どもや母親との間に形成する家庭的な関係性には、彼女たちによる家族の育児責任についての理想と現実を調停する技巧的な実践によって可能となっている側面がある。これまでの家庭的保育についての議論では、家庭的保育の家庭性は、この種の保育の提供形態や提供者の育児経験に必然的にともなうことが前提とされたうえで、肯定的な評価の対象となってきた。しかし、「保育ママ」制度が「育児の社会化」と子育て私事論の一種の調停案として成立しているのだとしても、家族の語彙を用いた比喩によって語られるような家庭的な関係性は個々の「保育ママ」の試行錯誤によって支えられたある意味で脆弱なものでもあることは認識されねばならない。

これとも関連して、第二に、児童福祉法が改正され、家庭的保育事業を保育制度のなかに位置づける動きが進行するなかで、「保育ママ」の資格や専門性が改めて論点となっている。児童福祉法改正案の審議過程においては、保育士資格を要件のベースとする必要性が主張されていた（福川 2010）。法改正によって、すべての家庭的保育者に義務づけられることになった「基礎研修」で使用されるために編まれたテキストにおいても、「保育の実施に際しては、『保育所保育指針』に準ずることが求められる」旨が「家庭的保育の理念」として明記されている（尾木 2009: 11）。また、テキストで家庭的保育者が理解しておくべき、身につけておくべきと規定されている内容も保育所保育のそれを基盤としたものとなっている（家庭的保育研究会編 2009; 2011）[*11]。しかし、これまで指摘してきたように、「保育ママ」にとっての専門性は、保育所で働く保育士のそれには還元できない位相、つまり、家庭的であるための技法、家庭性の論理を現実化するための技法という位相を含んでいる。今後、「保育ママ」の資格要件や研修カリキュラムが整備されていくなかでは、この還元できない位相が明示的に資格教育や研修に組み込まれる必要があるだろう。

5 「保育ママ」と子育てを支援することのジレンマ

「保育ママ」にとっての家庭性と専門性をめぐるこのような状況の前提にあるのが、彼女たちによる子育てを支援するという実践と経験が、家族に育児責任を優先的に帰属する規範を通じて、あるいは、それを考慮に入れながら成立しているということである。最後に、本章で語りを検討した「保育ママ」たちと前章で語りを検討の対象とした「キサラギ」のスタッフおよび川間さんらとの比較を通じて、「保育ママ」の家庭性と専門性の意味するところについて、特に子育てを支援することのジレンマとその解法との関連に注目しながらさらに考察を加える。

まず、すでに確認しておいたように、前章で「キサラギ」のトワイライトステイのスタッフについて指摘した子育てを支援することのジレンマは、「保育ママ」の経験にも観察することができるものであった。両者は子育てを支援するという自らの実践を「家族」と「子ども」「子育て」との優先的なつながりを保持する家庭性の論理を通じて記述していること、そして、それによってある種の困難を経験する場合があることでは共通している。すなわち、前章でも注意を促しておいたことではあるが、施設型支援ではジレンマが生じるが、家庭型支援ではジレンマが生じないという一般的な対比は成立しない。

次に、「保育ママ」たちの専門性は、子育て支援を家族支援として行うための工夫という位相を含むものでもあった。この点において、本章の「保育ママ」たちの実践は、同じく「保育ママ」である川間さんとも重なっている。彼女たちは、家族に子育ての責任が帰属されることを前提にしながら、あるいは、それが前提とされることに配慮しつつ、そのような規範と自らによるケア提供との間の調停を行っていた。すなわち、彼女たちは川間さんと同じように、子育て私事論を支援の論理によって包摂することを通じて、支援の実践を行っているのである。

ただし、本章の考察が示しているのは、同じ「保育ママ」の間であっても、支援の論理による子育て私事論の包摂には、さまざまなヴァリエーションがありうるということである。つまり、川間さんのような基準を用いて支援の受け手を限定すること、また、それを前提としつつ、限定の対象に支援の受け手を近づける働きかけをすることだけが、支援の論理が子育て私事論を包摂する方法ではない。たとえば、Jさんのように、自分が提供するケアを母親が家庭で子どもに提供しているそれに近づけようとすることや、Kさんのように、子どものケア責任が母親によって遂行されるためのストーリーを提示することもまた、家族に育児責任を帰属する論理が規範的効力を有する状況のなかで、子育てを支援することのジレンマを経験することなく、家族外の人間が子どもにケアを提供するための、つまりは、子育てを支援するための実践的な解法となっている。[*12]

そして、本章の「保育ママ」たちによるこのような専門性の発揮を支えているのが、「保育ママ」というケア提供形態の特徴とされる家庭性であるだろう。この点では、「保育ママ」たちと「キサラギ」のスタッフは対照的でもある。前章で取り上げた「キサラギ」のスタッフDさんは、トワイライトステイにおいて、子どもに家庭的なものを提供しようとしても、一度に大勢の子どもを預かっているという制約のもとではそれが不可能であることを、理想とする家庭的なサービスと現実に自分が行っていることとの齟齬として語っていた。だとすれば、本章のDさんやEさんのように、自分がケアを提供している子どもや親との関係性を家族の語彙によって記述することのできる「保育ママ」たちは、前章のDさんが擬似的に構成された「家族」という成員カテゴリー化装置のなかにケア提供者としての自分を位置づけることの「失敗」を表明していたのに対して、それにひとまずは「成功」しているのだと言うこともできる。

家庭的な関係性を実現するための技巧にも支えられたこのような「成功」は、子育てを支援することのジレンマを解消するための資源になりうるものである。むろん、本章で指摘してきたように、「保育ママ」たちが提供しているケアの家庭性は「保育ママ」自身にとって逆説的な効果ももちうるものであり、ケアの家庭性が家庭的保育に必然的にともなうものだと考えることにも留保が必要である。しかし、これらの留保を踏まえたうえであれば、家庭的保育を「育児の社会化」と子育て私事論という二つの理念が併存するなかでの調停案として位置づけることには一定の妥当性があるだろう。すなわち、家庭型支援において子育てを支援することのジレンマが生じないわけではないが、他方では、家庭型支援という支援形態の特性が、このジレンマが経験されずに子育て支援の実践が行われるうえでの重要な条件となりうるということを本章および前章の検討は示している。[*13]

前章と本章において、施設型支援と家庭型支援の提供者の語りを検討することで示唆されるのは、第一に、現代社会において家族外の成員が子どもに福祉的なケアを提供するという経験、子育てを支援するという経験がいかに「子ども」と「家族」との規範的な連関を前提にして成り立っているものであるかということである。この連関は、あるときには子育ての支援者たちにジレンマをもたらすこともあれば、それが経験されない場合においても、たとえば、「保育ママ」が自らの提供するケアの家庭性を語るとき、親に子育ての責任を放棄させないための工夫を行うときに考慮の対象となっていた。

そこから第二に示唆されるのは、この連関のもとで子育て支援を実践するにあたっては、その方法はさまざまであっても、連関自体を考慮に入れつつ、子育て支援が家族支援として行われること、子どもの親や親子の関係性が支援者による働きかけの対象とされることの重要性である。次章では、これらの示唆を受け継ぎつつ、子どもへの直接的なケア提供ではなく、地域で子育て中の親子のための居場所の提供を通じて、子育て家庭への支援を行うことを主な目的としているひろば型支援に焦点を当てることとする。施設型支援および家庭型支援では、家族支援は子どもへのケア提供と同時に、あるいはそれを通じて試みられることになるが、子育て支援が家族支援に特化した場合において、支援がどのような論理のもとで行われるのかが検討される。

注

＊1――であるからこそ、家庭的保育事業の規制緩和によって、マンションやビルの一室など保育者の家庭以外で保育が提供される事例や、「保育者三人に子ども九人」といった形態で保育を行う「グループ型家庭的保育」などが出現してきたことが懸念の対象とされることになる（福川 2010）。

＊2――本書では、章を改めるたびに、対象者の表記のために用いるアルファベットを最初のAから適用し直すことを原則とする。

＊3――調査時点では、就学前の子どもがいる者は「保育ママ」として働くことができなかった。これは欧米の家庭的保育者には、自分も乳幼児を育てながら仕事に就いている者も多いのとは対照的である（福川 2010）。ただし、現在は国の基準においては、この条件が撤廃されている（NPO法人家庭的保育全国連絡協議会 2009）。

＊4――アメリカの家庭的保育の提供者についての研究も、彼女たちの多くが「伝統的な」母親についての理想を実現するためにその仕事を選んでいると論じている（Nelson 1994, Tuominen 2000）。ただし、これらの研究が彼女たちの「伝統性」を強調するのに対して、一部のケア提供者がその職業経験を通じて、「フェミニスト的意識」を発達させる場合があることを指摘する研究もある（Fitz Gibbon 2001）。実際、本調査の対象者にも働く母親への支援をより重視する者が存在してはいる。Cさん（五〇代前半、「保育ママ」経験九年）は、あるウェブサイトに「家庭福祉員からのメッセージ」として、「働くお父さんお母さんのお手伝い

をしたくて、この仕事を始めました」と書いており、そのことについて筆者に問われると、「子どもは嫌いじゃないですよ。子どもはもちろんかわいいんだけども、女性が働きながら子育てをするっていうことに対して、自分ができることはしてあげたい」と答えている。

＊5――〇〇というのはDさんのファーストネームである。

＊6――ただし、研修制度により認定を受けた「保育ママ」は専門性の論理を参照することが困難であり、彼女たちは家庭性の論理により強く依存せざるを得ない状況にあるとも考えられる。

＊7――もちろん、これは保育園の保育士に、子どもの親との関わりについての専門性が欠如しているとか、必要ではないといった主張ではない。むしろ、保育者一般に保護者支援の専門性が必要とされることは、保育士養成課程においても、すでに常識に属する事柄となっている（たとえば大豆生田・太田・森上 2008）。ただ、保育園における親子への関わりを「時間ではいさよなら」（Gさん）と表現しながら、自分たちの行っていることを差異化する「保育ママ」たちは、子どもの親との関わりにおいて、以下で論じるような独自の専門性を発揮していると捉えることは可能であると考える。

＊8――ここでJさんが使う「子育て支援」という言葉は、本書で言うところのひろば型支援のことを指している。

＊9――なお、Jさんは自分が「保育ママ」として行っているケアの提供について、「それまでの子育ての延長みたいな感じなんですかね」と筆者に問われて、「家庭的保育。なのでやっぱり保育の経験がないっていうことは、さっき言ったようにできないだろうな。（中略）わたしはやっぱりそこに、専門性をきちんと、ただ楽しく見ていればいいんではなくて、やっぱりその子の一人ひとりの発達をきちっととらえて、その子が成長を促す方向のものをきちっと準備しなきゃいけない」と答えており、「保育ママ」としての専門性は、子どもの発達についての専門的知識やそれを踏まえた子どもへの関わりのありようにまつわるものとしても把握されている。

＊10――Kさんはこの語りの前に、「ママとわたしがいたら、たいていの子ってわたしのほうへ来ちゃうんです、外で会った時でも。そういうのって、保護者にとってみたら、まあ、それだけなついてて嬉しいわって思う半面、やっぱり、ちょっと微妙だなと思うんですよ。そのことを思った時に、すごく最大限に愛情も注ぐけど、でも一番はママだよっていうことを、なんかこう、いつも心がけてますね」とも述べている。

＊11――基礎研修用のテキストは、「保護者への対応」にも一章を割いており、そこでは保育者には『保育』の専門性」と「『保護者支援』の専門性」の二つが求められると言われている（網野 2009: 172)。しかし、そこで保護者への対応について説かれている内容にも、密室的な保育への懸念を保護者にもたせないようにすることに注意を促している以外には、家庭的保育の特性についての考慮をあまり見出すことはできない。

＊12――これに対して、「保育ママ」の専門性は、保育所保育のそれを基準とするような意味においては、家族の育児責任を代替することを説明可能とするために利用されてはいない。むしろ、たとえば、Dさんが「子どもが母親をほんとに求めている時期っていうのは、本能的に求めている時期ってありますよね。D『わたしたち専門家がみるのよ』っっと他人がおせっかい焼き過ぎている部分っていうのがありますよね。『わたしたち専門家がみるのよ』っていうのは、ちょっとわたしは何かねえ」と言うように、「保育ママ」自身によってしばしば言及される彼女たちの保育者としての職業的な専門性は、子どもとの関係において、「他人」であり「専門家」である自分たちを「家族」の成員である「母親」と等しい存在として位置づけることを打ち消すために用いられたりもするものである。

＊13――この意味で、施設型支援と家庭型支援の関係は、高齢者介護における集団ケアとユニットケアのそれとの類比で理解できるように思われる。つまり、ユニットケアそれ自体が個別ケア、「よいケア」を保障するわけではないが、ユニットケアが備えているいくつかの条件は個別ケアを実現するうえで重要なのである（上野 2011)。

第6章

ひろば型支援者の語り

——当事者性と専門性をめぐって

1　ひろば型支援における当事者性と専門性

これまで第4章、第5章と考察を重ねていくなかで浮かび上がってきたのは、子育て支援者たちの実践と経験を分節化するうえでは、子育て支援を家族支援として行うかどうかが一つのメルクマールとなっているということであった。そして、これらの対象者の語りから見出されたのは、川間さんによる「さつき」における支援を除いて、子どもへのケアをともなう支援の提供を家族支援として行う試みである。これに対して、本章では、子どもへの直接的なケア提供を行うのではなく、家族支援、親支援に特化したかたちで子育て支援に従事しているひろば型支援者に焦点を当てる。

具体的には、子育て広場「つばきの家」のスタッフによる語りの検討を行っていく。第3章で述べた通り、「つばきの家」は、「〇才から行ける、親と子のもうひとつのお家」となることを理念として、地域の親子が気軽に立ち寄ることのできる居場所を提供するために、NPO法人によって運営されている子育て広場である。二〇〇〇年代以降、二〇〇二年に「つどいの広場事業」が国の事業として始まったことに象徴されるように、子育て中の親子が交流する場の提供や子育てに関する相談・援助を行うべく、地域に子育て広場を開設する取り組みが広がり、NPO法人もそのなかで大きな役割を果たしてきた（杉山 2005, 大豆生田 2006）。二〇〇四年に開設された「つばきの家」もまたそのような動向のなかにあるものと位置づけられる。

このようなひろば型支援の広がりは、そこでの支援者の役割を、すなわち、子どもへのケア提供とは異なるかたちでの子育て支援とは何をすることなのかを問題化することになった。そのなかで、子育て広場における子育て支援とは、「親が主体的に子育てをすることを援助すること」（松永 2005: 166）であり、親が「『親になる』ことへの支援」（田辺 2007: 141）であるという議論がなされるようになる。つまり、ひろば型支援においては、子育て支援が家族支援、親支援として行われるということが、支援実践の主たる目的として組み込まれているのである。

それと同時に、特にＮＰＯなどが運営する子育て広場については、子育て広場において支援の担い手になるのが、自分たちも母親として子育てを経験してきた「当事者」だということが注目の対象となってきた（原田 2002, 杉山 2005, 大豆生田 2006）。その際に議論されるのは、「当事者だからこそ現代の親のニーズが理解できるとともに、水平で対等な関係であるため共感的な関係を持つことができる」（大豆生田 2006: 210）というように、スタッフが「子育て当事者」や「先輩ママ」であることが、「親子の真のニーズ」の掘り起こしを可能にするということである（大豆生田 2006: 163）。このような「当事者」への評価は、行政主体の地域子育て支援について、「支援する側―される側」の関係が固定化されており、親の主体性を育てるという子育て支援本来の目的を果たしていないと批判的な議論がなされるときにもその前提に置かれているものだろう（中谷 2008: 168）。

そして、子どもへのケア提供とは異なる親支援の営みが析出され、また、子どものケアに関わる専門職のみならず、子育ての「当事者」たちがその担い手と目されるのにともなって、ひろば型の子育て支援を担うスタッフの専門性とはいかなるものなのかが問われ、それを確立・向上させる必要性も提起されてくることになる（松永 2005, 大豆生田2006, 汐見 2010）。すなわち、広場のスタッフには、「保育経験者や育児経験者がなることが多いが、園での保育や家庭での育児とは異なる専門性が求められる」（佐久間 2008: 269）ことが主張され、そのような認識のもとに、そこで求められる技術や態度を具体的にリスト化する試みも始められている（子育て支援者コンピテンシー研究会編 2009）。[*1] また、支援者の支援力の向上を目指して、NPOが独自に「子育て・家族支援者」の資格認定を行う例も見られる（大日向 2005）。

要するに、特にNPOが運営する子育て広場を中心にして、ひろば型支援の提供者たちには、その親を支援するという営みにおいて、「当事者」でありつつ、「専門家」であることが同時に期待されているのである（大豆生田・荒木田・原 2008）。そして、このときに「当事者」でもある提供者には、「ケアワークや乳幼児の発達理解の専門性」および「カウンセラーやソーシャルワーカーの専門性」（大豆生田 2006: 217）、つまり、資格を要するような専門職に類する専門性だけではなく、「当事者性を有し、当事者同士の関係のなかで生成される新たな『専門性』」（大豆生田 2006: 211）が必要になるとされる。すなわち、ここでは、「当事者」であることから離れて成立するのではない「当事者の専門性」（中西・上野 2003: 162）が必要であることが主張されている。

しかし、ある事柄について「当事者」であることや「専門家」であること、そして両者の関係性が、特定の場面においてどのような意味をもつのかということは自明ではない。グブリアムとホルスタイン（Gubrium & Holstein 1990=1997）が、アルツハイマー病患者の介護者支援グループの会合や精神病患者の措置入院をめぐる審理など、家族がトピックになる場面について指摘しているように、家族成員こそが家庭内で起こっている事柄について特権的な知識をもっているという主張がなされることもあれば、家族成員自身によってその特権性が放棄されることもある。また、「専門知識のクレイム」（Gubrium & Holstein 1990=1997: 214）がもちだされて、専門的な知識が「専門家」が言ったり行ったりすることの信頼性を担保するものとされることもあれば、「専門家」は「誰も本当に何が起こっているのかを知らない」というように、「専門家」であることを理由に、「当事者」の立場からそれらの価値を割り引く「反専門家主義」の主張がなされる場合もある（Gubrium & Holstein 1990=1997: 222）。問題となっている事態への、グブリアムらの挙げている例においては、家族生活への特権的なアクセスをめぐって、「当事者」および「専門家」であることが何を意味するのかは、所与の前提にできることではないのである。*2

また、そもそも、ひろば型支援を構成するさまざまな実践がなされる場面において、支援の提供者が行うことは、彼女が実際に子育て経験をもつ母親であるからといって、つねに「当事者」としてなされるわけではない。ある者がある場面においていかなるカテゴリーの担い手として現れるかは、成員カテゴリー、成員カテゴリー集合、もろもろの活動の間の規範的な結びつきがその場の参与者たちによってどのように参照されるかにかかっている（Sacks 1972a＝1989; [1972b] 1974）。「二人の人物のあいだに共通の成員性があるからといって、必ずしも会話の中のひとつひとつの行為がそのことに方向づけられているとは限らない」（串田 2006: 38）と指摘されるように、子育て経験をもつスタッフと利用者の相互行為がつねに「当事者」、あるいは「母親」どうしの相互行為であるとは限らない。同様に、専門的な知識や技能をもつスタッフが利用者に行うことがつねに「専門家」としての行為であるわけでもない。医療相談の相互行為分析において、「助言者」や「専門家」が自らの助言を有効にするために、彼らの個人的な経験に基づいたかたちで、つまりは、「経験者」カテゴリーを併用しながら、助言を行うことが示されているように（Heritage & Lindström 1998, 中村・樫田 2004, 安藤 2009）、むしろ、ひろば型支援の提供者たちも実践上の目的に照らして、その都度、自らが「当事者」であることや「専門家」であることを行っているのだと考えられる。

とすれば、ひろば型支援の提供者の当事者性や専門性を論じるにあたっても、支援実践の文脈に即したかたちで、彼女たちが「当事者」や「専門家」というカテゴリーをどのように用いており、そのなかで自らの当事者性や専門性にどのような意味が与えられているのかが考察される必要があるだろう。以下では、このような問題設定のもとに、ひろば型支援の提供者たちの語りを題材にして、「当事者」であることと「専門家」であることの両方を求められている彼女たちが、その支援の実践における自らの当事者性と専門性をどのように把握しているのかを検討する。やや論点を先取しておくならば、これによって第4章と第5章で記述されたのとはいくらか異なる方法で、家族と子育ての規範的な結びつきに配慮することが、彼女たちによって自らの専門性を構成するものとして捉えられていること、そして、そのことが家族支援、親支援に特化した子育て広場において子育て支援を提供する実践と経験の一つの特徴となっていることを示していく。

2　専門性への両義的な態度

「素人」としての「当事者」

まず、「つばきの家」のスタッフは、自分たちがスタッフとして行っていることを、「専門家」が子育て中の親に対して行うことと対置して語ることがある。たとえば、以下は「つばきの家」をその理念にあるような「親と子のもうひとつのお家」にするためにどのような工夫をしているかという筆者の問いに答えるAさん（四〇代後半）の語りの一部である。

でも、まあ同じ経験をしてきた者として、でもやっぱり、自分が一番大変だったとき、子育てしてたときに戻って、「一緒だよ」って言ってあげたいなって思うんですね。その、んー、何て言うんだろう、保健師さんとか専門家の方は、やっぱりこうするべきああするべきとか、それはもう専門的にこうしたほうがいいっていうアドバイスがあるんでしょうけれども、わたしたちはそうではないので、「大変だね」って、「わたしもそうだったけど、でも、それがずっと長く続くわけじゃないよ」っていう言い方っていうか、そういうスタンスでつねにいたいなっていう気持ちがあります。

この語りにおいては、二つの異なるカテゴリー対を重ね合わせるかたちで参照することが行われている。つまり、Aさんは一方では子育ての「当事者―非当事者」というカテゴリー対から「当事者」というカテゴリーを、他方では「専門家―素人」というカテゴリー対から「素人」というカテゴリーを自己に適用することによって、「素人」の子育て「当事者」として自らを提示している。これによって、専門的なアドバイスをするという「専門家」カテゴリーに結びついた活動と、自分たちのように利用者と「同じ経験をしてきた者」である「当事者」が行うこと、すなわち、利用者の抱えている思いや経験を共有することとが区別されているのである。そして、この区別は「専門家」でない「素人」の「当事者」にもできること、あるいは「素人」の「当事者」だからできることの説明になっている。*3

NPOの副代表で「つばきの家」の責任者を務めているBさん（四〇代後半）も、「先生とかじゃない。同じ立場だから。（中略）専門家に聞きたい部分は専門家がやる。で、わたしたちみたいな人たちにいろいろ聞きたいことは聞くっていう、いろんなステージがあることがいいことかなって、すごく思うんですよね」と述べている。NPOが運営する子育て広場については、集団になじめない親や児童虐待などの困難事例の支援は専門職が担当し、それ以外の親への支援は当事者である親に任せるのがよいという議論がなされることがある（原田 2002）。AさんやBさんの語りに示されているのも、これと同様に専門的な職業や資格によって特徴づけられる「専門家」と「素人」である「当事者」が行うこととを区別したうえで、自分たちが行うこと、自分たちだから行いうることを後者へと位置づける論理である。

「当事者」としての専門性

しかし、このように「素人」としての当事者性の提示が行われるその一方で、自分たちと「素人」とを区別することが彼女たちによって行われる場合もある。Cさん（四〇代前半）は、「私も素人から始まったんですよ」「最初の頃の自分と今の自分を見ると明らかに違うなっていうのはある」などと述べた後に、「つばきの家」の新米スタッフと自分がすることの違いはどこにあるのかを説明する語りを以下のようにしめくくっている。

最初はふつうに、近所のお母さんとたとえばこう井戸端会議をやっている感覚ではあったんですけど、だんだんそうじゃなくて、「このお母さん、いま何を求めてるんだろう」とか、そういうことを考えながら接するようになってきているので、そのへんがやっぱり違うのかなっていうふうには思います。

「素人」であったころの自分の利用者との関わり方について、「井戸端会議」をするという同じ立場の「お母さん」どうしの関わりと同じようなものであったと回顧したうえで、現在の関わり方はそれとは異なり利用者のニーズへの配慮を含んだものであるということが主張される。そして、この主張は、自分を「素人」および利用者と同じ「お母さん」と差異化するものにもなっている。

さらに、この後でCさんは、ある利用者から「自分もスタッフになりたい」と言われたときのことを、「『「つばきの家」のスタッフさんって楽ですよね』って言われたんですよ。だから、それを言われた時には、『成功だよね』って言って、みんなでそう思ったことがあった」「それはすごく、『あ、(思った通りのことが)できてるね』っていう感覚で、ちょっと見えた、それがほんとに伝わってたなっていうのが見えた瞬間だったので、それはすごくうれしかった」と振り返っている。つまり、「つばきの家」でスタッフがしていることが誰でもできることであるように見えるのは、スタッフによる意図的な見せかけの産物であり、その見せかけが成功することはスタッフたちの目標ともなっているのである。*4

とはいえ、ここで見られるような「素人」であることの否定は、前項で自分たちとの対置がなされていた特定の資格を有する専門職が行うような専門的知識に基づくアドバイスなどが自分たちにも可能であるといった意味での専門性の主張ではない。たとえば、Dさん(四〇代前半)は自分たちの支援者としての専門性、「素人と玄人の違い」はどこにあるのかを筆者に問われて、「空気が読めるっていうか、一般的に言ってる空気が読めるじゃなくて、子育て経験者というか、みんな当事者だから、『つばきの家』のお客さんも自分も当事者で、そこのベースがあって、その空気が読めるっていうか」と応じる。つまり、彼女たちの「素人」でなさとは、自分も「当事者」として子育てを経験してきたからこそ獲得されたものであるという。

Dさんはこの語りの前では、「つばきの家」での利用者との関わりについて、「自分の子どもも大きくなって(中略)、やっぱりみんなにとっても通過点なんだっていうこと(がわかるようになった)。なので、そんなに、たとえば悩んでるお母さんがいても、直接そういう声かけはしないけど、『大丈夫だよ』って気持ちで関われてる」と述べている。その後にも、「『大したことじゃないよ』って言わないけど、そういう気持ちで関われてる」と繰り返され、これに続けて、「子どもにある意味、感謝してるっていう部分はありますね。(中略)手こずらせてくれたから(笑)」とも言われるように、子育てには苦労をともなうかもしれないけれども、その苦労は一時的なものであり、いずれは過ぎ去るものであることを自分も経験した者の立場から利用者に関わることがDさんにとって重要なこととなっている。そして、このことは、前項で引いた語りにおいて、Aさんが利用者の抱えている思いや経験の共有を「専門家」ならぬ自分たちにできることとして記述していたこととも重なるものである。

つまり、彼女たちによって記述される利用者への関わり方の習熟とは、スタッフである自分たちと利用者である母親たちを子育ての経験という意味では同じ「当事者」としてカテゴリー化したうえでの関わりをもてるようになることである。先述したように、ひろば型支援の提供者の専門性については、「当事者こそが、自分自身についてもっともよく知っている、という当事者の専門性」（中西・上野 2003: 162）を主張する議論を援用して、[*5]「当事者性を有し、当事者同士の関係のなかで生成される新たな『専門性』」（大豆生田 2006: 211）を育てることの重要性が指摘されている。彼女たちの語りは、自分たちがこのような「当事者の専門性」を有していることを主張するものであるとともに、その専門性が同じ「当事者」カテゴリーを自他に帰属することをめぐるもの、言い換えれば、「当事者」であることの専門性として把握できるということも示している。

これまで検討してきたように、「つばきの家」のスタッフは、自分たちを「専門家」ならぬ「素人」として提示することでその「当事者」性を主張することもあれば、自分たちが「素人」であることが否定され、「当事者」であることに基づいた「当事者の専門性」が主張されることもある。

この意味において、彼女たちの専門性への態度は両義的なものである。次節以降では、この両義的な態度がどのような理由からとられているのかを明らかにしたうえで、そのような態度に沿った実践が可能であること自体をひとつの専門性の発揮のあり方として理解できることを論じる。

3 「素人」であることの専門性

「つばきの家」のスタッフたちが示す専門性についての両義的な態度は、一つには彼女たちのスタッフとしての立場が特定の資格や専門職に根拠づけられたものではないということと関係しているのかもしれない。たとえば、医師や看護師などが専門的なアドバイスをする際には、自らの助言を有効にするために、「専門家」カテゴリーとアドバイスの受け手と同じ経験を個人的に共有する「経験者」カテゴリーとの併用が行われることがあるが（Heritage & Lindström 1998, 中村・樫田 2004, 安藤 2009）、「つばきの家」のスタッフたちにとっては、そもそも彼らと同じようなかたちで「専門家」カテゴリーを利用することが容易ではないのかもしれない。

しかし、この両義的な態度は、彼女たちが広場のスタッフとして働くうえでのより実践的な理由からもたらされているものでもあると考えられる。言い換えれば、彼女たちには、自分が「当事者」であることと結びついた一定の専門性を備えていることを認識しながらも、利用者との関係において「専門家」として現れることを控えねばならない理由があるということである。

たとえば、Eさん（四〇代前半）は、利用者と接するときに心がけていること、気をつけていることを問われて、以下のように述べている。

なんかけっこういろいろ質問されたり、けっこう「これはこうしたらいいんですか」とか、「どうしたらいいんですか」とか、なんかいろいろこう相談されるみたいな、アドバイス求められるとか、「これでいいんですか」とか、「これは駄目ですよね」とか、そういうときに答えてあげないようにするっていうか、教えてあげないようにするっていうか（笑）。ついみんな親切な先輩ママなので、なんか、「こうやってるとこうなるよ」みたいなのも、ある程度こういろんな人たちを見てきて、自分も経験して、やっぱりある程度一〇年もやってると、わかるから言いたくなるんですけど、それをやっぱり自分で見つけてもらうための手助けっていうか、ヒントとか、サポートはできるけど、答えは、答えを教えてあげるっていうかたちでしないように。わたしたちは別に専門家じゃないし、正しい答えを教えてあげる立場じゃないけど、でも、経験上ある程度見えてるところもあるから、つい、「それやったらこうなっちゃうのにね」とか思ったりとかするところがあって、それでよかれと思っていろいろ言いたくなってしまうところがあると思うんですよ。だから、それを「どうだろね」って一緒に（笑）。

ここでも、前節で取り上げたAさんの語りと同じく、「専門家」であることと結びついた活動である専門的なアドバイスをすること、「正しい答えを教えてあげる」ことと自分たちが行うことの差異化がなされている。ただし、Eさんがここでそのような差異化を行うのは、自分たちがそのアドバイスをするだけの専門的な知識を欠いているからではない。むしろ、スタッフたちは利用者からのさまざまな質問や相談に「先輩ママ」としての経験やこれまでのNPOでの活動経験から答えることができるにもかかわらず、それに答えることは意図的に避けられているという。だからこそ、そのようなアドバイスをすることが可能である「先輩ママ」としてふるまうことや、ましてや、それが義務にすらなりうるような「専門家」としてふるまうことは控えられる必要があるのだ。

また、前節で語りを引いた通り、Dさんは、「『大丈夫だよ』って気持ちで関われてる」、あるいは、「『大したことじゃないよ』って言わないけど、そういう気持ちで関われてる」ことの重要性を強調していた。自分も「当事者」として子育てを経験してきたからこそ、子育てにともなう苦労がいずれは過ぎ去るものであるとわかることが、自分の利用者との関わりの基本にあるということである。このとき、自分と利用者の関係は、同じ子育ての「当事者」ではあっても、その「当事者」のなかに、子育てに関わるさまざまな事柄や心情について「経験済みの者―経験中の者」（中村・樫田 2004)、あるいは、「先輩ママ―後輩ママ」(戸江 2008)という非対称的なカテゴリー対を用いた境界を引くことを通じて記述されている。しかし、そのDさんも、利用者と接するときに心がけていること、気をつけていることを問われると、「いくら先輩ママといっても、『あ、それはね』みたいなことは思っても、ちょっと抑えたりするのは意識してますかね。(中略)『それはこうだからこうだよ』みたいなアドバイス的なことやなんか、だからこうって決めつけるようなことは言わない」と述べている。また、直後には、同じ趣旨のことが、「たぶん絶対的に自分より年下だろうなあと思っているので、先輩ママ的なことはだから言わないように」していると言い直される。つまり、利用者との関わりにおいて「先輩ママ」であることを重視するDさんにとっても、利用者に対して「先輩ママ」としてふるまうことは控えられるべきものとして語られているのである。

このように、スタッフが子育ての「当事者」や「先輩ママ」であることが「当事者の専門性」を構成するものだということが示唆されてきたにもかかわらず、利用者との関係において「専門家」であることや「先輩ママ」であることは控えられるべきものとなる場合がある。言うなれば、ここで述べられているのは「素人」としてふるまうことの意義である。*6

彼女たちのこうしたふるまいは、Eさんであれば、質問や相談に対する答えを「自分で見つけてもらう」ためであり、Dさんであれば、自分の発言に影響されてしまうのではなく、「最終的にはやっぱりご本人」の選択に任せるためであると説明されている。すなわち、ここで彼女たちが回避しようとしているのは、自分たちがアドバイスをして「専門家」「先輩ママ」としてふるまうことによって、自分たちと「素人」「後輩ママ」としてカテゴリー化されることになる利用者たちとの間で、子育てをめぐる知識・技能について非対称性が含意されることである（Sacks 1972a＝1989 参照）。

こうした非対称性についての配慮とスタッフという立場の結びつきは、たとえば、Aさんが「友だちどうしであれば、『こうしたら』、『ああしたら』って言えることが、やっぱり職員とここに来場してる方っていう立場だと、あんまり指導的なことは言えないので、『こうしたほうがいいのにな』とか思っても、あまりこう具体的に、『こうしたら？』っていうふうには言えない」と述べるときによく表れている。利用者である母親にとって、ひろばのスタッフは、自分の「友だち」よりも子育てについての指導やアドバイスを求めやすい相手であるようにも思われるし、実際にそれを与えることが期待される場合もあるだろう。しかし、スタッフの立場からするならば、利用者への指導やアドバイスは注意を要するものであり、かえって「友だちどうし」の関係のほうが、気がねなく発言することができる。言い換えれば、彼女たちは相手が「友だち」ではないからこそ、Aさんが言うように、「わたし、けっこう自分のことを話しちゃうほうなんですけれども、なるべく聞くように努力」したり、「あまり指導的なことは言わないように」したりするのである。

彼女たちの指導やアドバイスをすることへの慎重さは、以下の語りでEさんが説明しているように、一つには自分たちの子育て経験に由来するものである。

自分がやっぱ子育てしてるときに、お節介なおばちゃん、あんまり自分が好きじゃないっていうのもあって。なんかいろいろ言われることによって、余計に落ちこんだりとかすることがすごくあったんで。保健センターにね、行って健診とか受けると、なんか一言一言がすごく落ちこまされるみたいな。「あ、これできないんですね」とかみたいな評価されて。で、「あ、これができた」とか、「できなかった」とか、なんか「こうしなきゃ駄目よ」みたいな指導とかも、やれて当たり前で、やれないとなんかマイナスつけられちゃってるんだみたいな感じのこととかもすごくあったし、なんか「こうしなきゃ駄目でしょう」みたいな、「もっとこうしてあげなさい」とかって言われたりすること自体が、すごくこう。言ってる人はそんなに気にして言ってないかもしれないけど、言われるほうはすごーく気になるし、そんなこと気にしなくてもいいんだと思っても、やっぱりすごく気になっちゃうみたいなのはすごくあったから。

彼女は、自身も子育てをする母親として、子育てについて「お節介」な「先輩ママ」や「専門家」から評価や指導を受ける側の立場を経験している。そして、その経験が辛いものになりうるのは、上の語りが示しているように、自分の子育てについて自分よりも優位な知識や経験をもつ立場から評価を受けることとの非対称性によっている。巡回看護師（health visitor）が新生児の産まれた家庭を訪問する場面の会話分析では、子どもへのケアについての直接的な責任を有する母親は、自らの子育てについての知識や能力が「専門家」である看護師による評価の対象となっていると見なしたうえで、自分が「素人」の立場をとるのを避けようとすること、また、看護師も「専門家―素人」関係を通じた母親の能力の評価という含意をもつアドバイスには慎重であることが示されている（Heritage & Lindström 1998）。「つばきの家」のスタッフたちが、「専門家」や「先輩ママ」であることを避けようとアドバイスをすることを控えるのも、同様にそれが利用者の責任ある母親としての「面目」（Goffman 1967＝2002）を脅かしたり（Heritage & Sefi 1992, Heritage & Lindström 1998 参照）、利用者が責任ある母親であることを妨げたりすることになりうるからであって、彼女たちによるスタッフと利用者の非対称性についての配慮とは、母親の育児責任への配慮なのである。

このような非対称性を回避しようとする指向は、自分たちが「つばきの家」で行っていることの定義にも関わるものである。たとえば、Dさんは「つばきの家」のような子育て広場の営みに対して「子育て支援」という言葉が用いられることについて、「支援っていう言葉はわたしは受けつけてなくて」、「自分が当事者っていうベースもあるので、支援されることはないと思ってるし、することでもないと思ってる」と述べている。それは「子育て支援（という言葉）に『するされる』の関係が含まれてるような感覚」があるからであり、これに対して、「つばきの家」のスタッフは、「されるとかするとかじゃなくて、みんな一緒な感じを大切にしたいってたぶん思っている」という。そのうえで、「最終的には支援、子育て支援っていう概念みたいのがなくなることがいいんじゃないかみたいな。ちょっと大きい言い方すると」と言われるように、自分たちのしていることを「支援」と区別して、「支援」という活動と結びついた「支援者―被支援者」、あるいは、「専門家―素人」という非対称的な含意をもつカテゴリー対を喚起することを避けることによって、利用者とスタッフの間の対称性を確保しようとする指向をここにも見出すことができる。*7

4　対称性を確保するための非対称な工夫

しかし、「つばきの家」のスタッフたちが、非対称性を回避するために、「専門家」であることや「先輩ママ」であることを控えて、「素人」としてふるまおうとしているということは、彼女たちがひろば型支援のスタッフとしての技能を欠いているという意味で「素人」であるということとは異なる。Cさんは、「『あなたを支援してるのよ』とか、そういう気持ちはぜんぜんない」とDさんと同様のことを述べた後で、自分は「近所のおばちゃんでいいなって思うんですよ」と言う。けれども、実際には、「つばきの家」のスタッフは、利用者との関係において、「近所のおばちゃん」に期待されうる以上のことを行っており、その工夫に彼女たちの専門性を見てとることができる。

まず、Cさんは、前述のように、現在の自分を「素人」と差異化しながら、自分たちスタッフが誰にでもできるようなことをしていると利用者から見なされることを目標にしていた。「忙しいのはもう当たり前のこと」であっても、「忙しさを前面に出したくない」からこそ、「スタッフはバタバタしない」ということをつねに心がけていると述べる彼女は、「『大変なんだな』って、『だから、わたし、話しかけちゃいけないのかしら』とか、そういうふうにお母さんに気を使ってもらうのが困るので、スタッフはのんびりフロアにいる」ことが大事だという。また、Bさんも筆者がこのCさんの語ってくれたエピソードに言及したのに応じて、「ほんとはすごく忙しいんですけど（笑）、忙しいとほんとに話したい、聞いてほしいっていうことが話せない」ので、「みんなそれは意識していて、忙しいけど、ゆったりして、『いつでも話しかけて』みたいな感じの雰囲気はつくっておくように」していると述べる。そして、このような配慮の理由としてCさんが説明するのが、「つばきの家」では、「上下の関係がなくて、同じ平場で同じ目線でものを見てお母さんに寄り添う」ことを「たぶん一番大事にしてる」ということである。

この語りの後においても、Cさんは「だから、ほんとうにふつうのなんか近所のおばちゃんでいいなって思ってるんですよ」と述べている。つまり、彼女たちによる「バタバタしない」ようにするという努力は、自分たちとスタッフが同じふつうの「母親」どうしであると見えるようにするるためのものであり、そして、いくらか逆説的ではあるが、ふつうの「近所のおばちゃん」であるかのようにふるまえることが、自分と「素人」を隔てるものとなっているのである。言い換えれば、彼女たちは利用者との間に対称性を確保するために、「近所のおばちゃん」が通常は近所の母親に対して行わないようなことを行っているのであり、利用者とスタッフの間の対称性はスタッフたちによるこの非対称な工夫によって確保されている。このような意味において、彼女たちの支援者としての専門性は、利用者との間に対称性を確保することの専門性であり、「素人」であることの専門性であると言うことができるだろう。

さらに、彼女たちの対称性を確保するための工夫は、非対称性を含意しうるアドバイスを求められる状況への対処にも見てとることができる。Eさんは前節の冒頭で引用した「先輩ママ」としてのアドバイスを控えるという語りを以下のようにしめくくっている。

たぶんみんなやってるんですけど、つばきのスタッフは。（アドバイスを求められたら）そこにいる人（利用者）たちに聞いて、「なんとかさんはどうしてる?」とかそういうので、そういうのもあるんだとか、こういうのもあるんだみたいなところから、自分でこういろいろやりながら考えて見つけていくっていうところを大事にしてる。それは「つばきの家」のたぶんいいとこだと思うんですけど、うん。

また、Cさんも自然と輪のなかに入っていけない利用者への関わりの難しさを話題にした後に、以下のように述べている。

でも、やっぱり私たちの立場って、つなぐ役目っていうのがすごく強い、大きいと思うので、自分は関わるメインではなくて、お母さんがどのお母さんとつながれるかっていうのを考えてあげるのが大事かなとは思うので。最近、そうですね、そういうことで、すごく悩みをもっているお母さんがいらっしゃると、同じ悩みをもってるお母さんとつなげてあげたりとか、ちょっと、「あ、一緒だね」とかって話を。最初はつなげてるっていう感じではなくて、同じ場で「あ、そういえば、その話、してたよね」っていうふうに振ってみて、で、お母さんどうしが気づいて、それで「あ、おんなじなんですね」っていう話がだんだんこう盛り上がったところで、「おんなじ悩みもってるんだったら、そうだね、こう情報交換とかしたらいいよね」って言って、いい方向にもっていけたことがあったので。

ここでEさんとCさんは、利用者にアドバイスを直接求められたり、利用者が子育てについての悩みを語ったりするなど、スタッフとしての自分にアドバイスをすることが期待される場面において、どのようにふるまうかについて述べている。スタッフが利用者にアドバイスをすることは、両者の非対称性を含意しうるものであるため、慎重になされなければならないが、スタッフである以上、利用者の要求や悩みの語りについて何かしらの対応をすることもまた必要となる。

そうした状況で彼女たちが行いうることの一つが、他の利用者を次の話し手として選択することである。「やっぱ共通の話題があると、そこからスッて入れたりすることが多い」ともCさんが言うように、同じような経験をしていそうな、あるいは、経験していることを知っている他の利用者を選んで、自分の経験を語るように促すことが行われる。戸江哲理（2008）が子育て広場における母親どうしのやりとりの会話分析から明らかにしているように、広場は同じような子育てについての日常的な悩みをもつ母親どうしが、その経験を分かち合う相手を見つけることができる場所になっている。EさんとCさんが語っているのは、このような利用者による「当事者」どうしの経験の分かち合いを仲立ちするための工夫であるとともに、この工夫は自分が利用者に直接的にアドバイスをすることで、「専門家」や「先輩ママ」としてふるまうことを避けるための工夫ともなっている。すなわち、「つなぐ役目」をとれるようになることは、利用者どうしの交流の活性化のためだけではなく、より非対称性の含意が少ないふるまいができるようになるという意味においても、「つばきの家」のスタッフとして働くうえでの習熟の一部をかたちづくっていると考えられるのである。[*8]

5　ひろば型支援者の専門性と母親の育児責任

子育て広場、特にNPOによって運営されている広場については、スタッフが子育ての「当事者」であることの効用がしばしば主張される。それと同時に、ひろば型支援の試みが普及するのにともなって、スタッフが「専門家」である必要性が議論されるようにもなる。そして、このスタッフの専門性は、「当事者」であることと必ずしも対立するものではなく、むしろ「当事者」ならではの専門性を含むものとして論じられてきた。

これに対して、「つばきの家」のスタッフによる自らの支援の実践についての語りの検討から示されたのは、第一に、彼女たちの自らの専門性への態度は両義的な性質をもつものだということである。すなわち、彼女たちは、自分たちの専門性を「当事者」であることという観点から定義している一方で、自らが「専門家」ならぬ「素人」の「当事者」であることをその実践を特徴づけるものとして取り扱ってもいる。言い換えれば、母親としての育児経験やスタッフとしての経験を通じて身につけた技能を活用しつつも、資格や専門職によって特徴づけられるような専門性を主張することからは距離が取られている。第二に、この両義的な態度は、利用者との関係において「専門家」や「先輩ママ」といった非対称性を含意するカテゴリーを担うことには慎重を要するというひろば型支援を提供するうえでの実践的な理由からもたらされるものであった。言い換えれば、彼女たちは自分が「当事者」であることと結びついた一定の専門性を備えていることを認識しているが、その専門性には、「素人」であることの専門性、つまりは、利用者とスタッフの間に対称性を生み出すための非対称な工夫が含まれているのである。そして、このスタッフによる利用者との間の対称性についての配慮とは、母親と子どもとの間のケアを通じた規範的な結びつきへの配慮であった。

以上の知見は、ひろば型支援の提供者たちが「当事者」ならではの専門性を有するものとして自らを把握していることのみならず、その専門性の強調がはらみうる危うさもまた示唆しているように思われる。たしかに、子育て広場のスタッフが独自の専門性を有することの主張は、その決して高いとは言えない経済的報酬を保障したり、社会的地位や職務のアイデンティティを確立したりするうえでは重要な資源となりうる。しかし、彼女たちの専門性が、本章で記述してきたようなスタッフたちの実践上の工夫を看過するかたちで強調されるならば、それはミスリーディングなものになるだろう。つまり、スタッフの専門性を特定の資格を要するような伝統的な意味での専門職に漸近すべきものとして措定することは、スタッフを利用者にとってより非対称で近づきがたい存在にすることにもつながりうる。また、当事者性のみを強調する専門性の主張も、「当事者」であることとは直ちに利用者との「水平で対等な関係」(大豆生田 2006: 210) を保障するものではなく、「素人」であることの専門性が対称性を生み出すための非対称な工夫によって支えられているものであることを見逃すものになりかねない。要するに、ひろば型支援の提供者の専門性は、「素人」であることの専門性という逆説を不可欠に含みこむものとして把握されねばならないのである。

もちろん、「つばきの家」のスタッフのような指向が、どの広場においても同じように見出されるとは限らない。スタッフが「当事者」であることをより重視してあまり専門性が求められない広場もあれば、「当事者」であることから離れるという意味で「専門家」に近づくことをより重視する広場もあるかもしれない。これらの指向について、スタッフ間のヴァリエーションがより大きい広場もあるだろう。しかし、本章の検討から、「素人」であることの専門性が多かれ少なかれ、ひろば型支援の提供者がその職務を果たすうえで必要な技能の一部を構成するものであり、その専門性を養う営みにおいて学ばれるべき事柄の一つであることは主張できるように思われる。[*9] すなわち、そこでは「素人」であるための方法が学ばれる必要があるということである。

また、本章の考察は、子育て支援が家族支援、親支援として行われることが支援実践の主たる目的として組み込まれているひろば型支援の提供において、どのように家族と子育ての規範的な結びつきが指向されているのかを示すものでもあった。ひろば型支援が提供される状況は、利用者である親子とスタッフが共在する状況である。この点において、同じく子どもへのケアを支援する営みではありながら、親が不在の状況において支援提供者が子どもにケアを提供する施設型支援や家庭型支援とは異なっている。施設型支援や家庭型支援においては、子育てを支援することのジレンマが生じうるような、子どものケアが部分的に家族成員以外の者によって担われる状況のもとで、家族と子育ての規範的な結びつきを参照しながら、親との間に自分と共同して子育てに携わる関係性を形成しようとすることなどが、子育て支援を家族支援として行うために試みられていた。この家族と子育ての規範的な結びつきへの指向は、親が子どもとともに過ごす子育て広場において、子育て家庭を支援することを主な職務とする者の実践にとっても、「素人」であることの専門性の発揮を通じた利用者が責任ある母親であることへの配慮というかたちで一定の位置を占めている。[*10] 同時に、その指向の表現のされ方は、「当事者」カテゴリーと「専門家」カテゴリーが置かれた独特な布置関係や他の利用者の存在などにおいて、子育て広場という状況の特徴を帯びたものであり、そして、このように指向が表現されることがひろば型支援を提供するという実践と経験の特徴となっているのである。

注

＊1——具体的には、支援の行動を「環境を設定する」「関係をつくる」「課題を知る」「支援する」「振り返る・学ぶ」という五つのプロセスからなるものと捉えたうえで、それらのプロセスと関連づけるかたちで、「居心地のよい場をつくる」「親しみやすい雰囲気をもつ」「気軽な相談を大切に受け止める」「肯定的関心をもって話を聴く・接する」「チームワークを尊重する」など、ひろば型支援の提供者に必要な三二の能力や技量

（コンピテンシー）がリスト化されている（子育て支援者コンピテンシー研究会編 2009）。

＊2——北澤毅（2001: 115）が少年事件の「加害者」「被害者」カテゴリーについて論じているように、「誰が当事者性を付与されるかという問題」は、「そこで起きたことをどのように捉えるか」「その出来事に誰が責任を負うべきか」と密接に結びついている。だからこそ、誰が正当な「当事者」なのかをめぐって争いが生じることもある（鶴田 2009）。同様のことは「専門家」カテゴリーについても指摘できるだろう（Gubrium & Holstein 1990＝1997 参照）。

＊3——Aさんが「つばきの家」で働いていてよかったと思うこととして、「ありがたいことに、自分が子育てをしてきた経験が、全部『つばきの家』で経験談として生かせるっていうところ」を挙げているように、「当事者」としての経験を活用できることは、この仕事にやりがいを感じることができる機会ともなっている。Aさんの場合には、「子どもの看病で苦労した話」や「特に真ん中の子が手が焼けた」という「苦労の話」が、「実際、いまそういう問題に直面されてる方のちょっと参考になってるなと思ったときに」、やりがいが感じられるという。

＊4——この成功が喜ばしいものと捉えられているのは、Cさんが「スタッフはバタバタしない」「忙しさを前面に出したくない」ということを重要視しているからである。この「バタバタしない」ことがもつ意味については、後でまた議論することになる。

＊5——この「当事者の専門性」論で企図されているのは、「当事者に代わって、当事者よりも本人の状態や利益について、より適切な判断を下すことができると考えられている第三者」であるという「専門家」定義への抵抗である（中西・上野 2003: 13）。

＊6——「素人」カテゴリーは、論理的には「当事者」でない者も含みうるが、子育て広場のスタッフの多くが、母親として育児を経験している者であるため、実際の語りのなかでは、しばしば専門性のない「当事者」を指

すことになる。そして、スタッフたちは、単に母親として経験があるだけではできないことができるようになることを自らの専門性として捉えているため、「専門家―素人」というカテゴリー対の使用は、「単なる当事者以上の者」と「単なる当事者」とを区別するものになっている。

ただし、母親としての経験は彼女が「当事者」としてふるまうことをつねに保証するわけではない。たとえば、子育てについての考え方や子どもの年齢の違いなどによって、スタッフが利用者との間に「当事者」どうしの関係性を築くことに失敗する場合もありうるだろう。

＊7――Dさんはこの語りの直後に、「なので、『つばきの家』とかでもたまに『先生』とか言うお母さんがいて、『先生じゃない』と、それはもう断固、『先生じゃない』ってすごい伝えますね」と述べている。第5章で検討したように、「保育ママ」が母親から「先生」ではなく家族に関わる語彙を使って呼ばれていると語るとき、そこで含意されていたのは関係の親密性であったが、ここで「先生」という呼称の拒否によって主張されているのは関係の対称性である。なお、先述した行政主体の地域子育て支援における「支援する側―される側」の関係の固定化への批判は（中谷 2008）、ここでDさんらが表現している指向と重なるところのあるものだろう。

＊8――とはいえ、利用者どうしのやりとりにおいて、「先輩ママ」による経験の語りが非対称性を含意しないとは限らない。しかし、これも戸江（2008）が明らかにしているように、「先輩ママ」である利用者による提案は、気軽に聞き流すこともできるようにデザインされている。

＊9――ひろば型支援に求められる能力や技量（コンピテンシー）をリスト化する試みにおいても、利用者とスタッフが「対等な関係をもつ」ことがコンピテンシーの一つに挙げられつつ、度を過ぎたアドバイスの問題性が言及されている（子育て支援者コンピテンシー研究会編 2009: 40）。

＊10――戸江（2012: 547）によれば、子育て支援サークルで展開される行為連鎖においては、「子どもの様子を普段

から把握していること」が親に期待されており、親は子どもについての「説明促し」に応答することを通じて、自分が子どもについての応答可能性を有していること、親としての説明責任を果たしていることを示すことができる。この知見は本章で子育て広場のスタッフによる配慮の対象となっていることが指摘された母親の育児責任が、利用者どうしのやりとりにおいて巧妙に遂行されていることを明らかにするものである。

終章

子育て支援と現代家族

1　これまでの知見の確認

本書の課題は、私的領域で提供されることが前提とされてきた子どもへのケアやそれへの支援を、公的領域において提供する人々が、「家族」や「子育て」に関わるどのような規範的な論理を通じて、その実践と経験を組み立てているのかを明らかにすることであった。それは第一に、各種の子育て支援が実践されている福祉領域で生じていることの記述によってこれまでの「支援・ケアの社会学」の欠如を補おうとする試みであると同時に、第二には、子育て支援が実践される領域で生じていることを手がかりとして、家族をめぐる規範の持続と変容にアプローチすることを目指す家族社会学的な家族変動論の試みである。

以下、この終章では、まず本書の基本的な問題設定および語りの検討から得られた知見の概要を確認したうえで、これらの知見を家族社会学、そして「支援・ケアの社会学」および子育て支援論の文脈のなかに位置づけることによって、それらが二つの課題にとっていかなる意義を有するものであるのかを検討する。そして、最後に、これら二つの文脈が交差するところであるケアの社会的配分およびケアの単位としての家族概念の再考をめぐる近年の議論について、本書の立場から提起が可能な論点を示すことにする。

一九九〇年代以降の子育て支援施策の展開は、「家族」や「子育て」について理解するに際しての概念間の新たな連関、支援の論理に支えられると同時に、社会成員にとってのその利用可能性を高めていくものでもあったと考えられる。そして実際に各種の子育て支援サービスが提供されることを通じて、家族は子どものケアを通じた福祉領域との関わりを深めていく。このような支援が提供される個々の状況は、支援の論理を前提に成立している「育児の社会化」を体現する状況の一つである。現代の日本社会における子育て支援が提供される機会の増大は、このような意味において、社会空間のなかに家族領域と福祉領域が接する新たなフィールドを切り拓くものであり、そこでは「子育て」を「支援する／される」という新たな実践や経験が生み出され、「子育て」や「家族」の経験のされ方もこれまでとは異なるものになる。[*1]

本書の第4章から第6章では、この新たに切り拓かれた家族領域と福祉領域のインターフェイスにおいて、支援提供者の実践と経験がどのような「家族」や「子育て」に関わる規範的論理を通じて成立しているのかを、三つの異なるタイプの子育て支援について検討した。そこで繰り返し示されたことは、「育児の社会化」の一部をなし、支援の論理を前提に成立している子育て支援の提供という出来事が、子育ての責任を家族に帰属する子育て私事論、抑制の論理の参照を通じて実践、経験されているということである。

すなわち、第4章では、育児責任を家族に帰属する論理を通じて子育てを支援することのジレンマが支援提供者に生じうること、そして、そのジレンマへの解法として、自らの支援の実践を家族によるケアの代替ではなく、家族関係への支援として定義することで、子育て私事論を支援の論理によって包摂するという方途があることを論じた。そして、第5章では、育児責任を家族に帰属する論理が、「保育ママ」による職業選択の動機やケアを提供している子どもやその親との関係性についての説明の前提にあることが示された。また、自分が子どもに提供するケアを子どもが家庭で提供されるそれに近づけたり、母親による育児責任の遂行のためのストーリーを提示することによってその責任の放棄を防ごうとしたりなど、第4章で見出されたのとはまた異なるかたちで支援の論理による子育て私事論の包摂が行われていることも指摘された。最後に、第6章では、子どもへの直接的なケア提供を目的としない子育て広場のスタッフにとっても、自分と利用者が子育てに関する知識や能力において非対称的であると含意するような関わりを避けることによって、利用者が責任ある母親であることに配慮するというかたちで、「家族」と「子育て」の規範的な結びつきが考慮の対象となっていることが明らかになった。

2 子育て支援と現代家族

二重化状況における実践的な「育児の再家族化」

これらの知見、特に第4章および第5章のそれを、現代の家族変動という観点から捉えたとき、まずは子育て支援という家族と福祉のインターフェイスにある新たな営みが、その多様な提供形態において、近代的な公私区分の原則と同様の家族についての規範的論理によって支えられていることが確認される。子育て支援の提供者たちはその実践と経験を語るうえで、「家族」という成員カテゴリー化装置を、それが構成要素として含む「母親」などのカテゴリーが、「子ども」というカテゴリーや「子育て」という述語との間に特別な結びつきを有するものとして使用しつづけている。「子ども」が自分を含めた「家族」成員以外の者との間にもつケアをともなう関係は、「家族」とのそれに比べて規範的序列が低いものとして扱われ、そのため「家族」のそれに擬せられたり、「子ども」と「家族」の関係を規範的序列に則した状態に近づけることが試みられたりする。つまり、子どものケアという実践を「家族」成員以外の者が担う場合においても、その当の実践は「家族」が子どものケアを担うという論理によって支えられている。実践とその担い手は変化していても、それを支えている家族に関わる規範的論理は持続しているのである。

したがって、本書で検討した子育て支援をめぐる実践と経験に限って言うならば、そこで使用される「家族」という成員カテゴリー化装置について、われわれの実践と経験の前提にあって、それを支えているカテゴリー間の規範的な関係の変容、すなわち、「家族」の理解可能性の水準での変容が、子育て私事論から支援の論理への転換というかたちで進行しているとは言い難い[*2]。

とはいえ、子育て私事論から支援の論理への転換というかたちで「家族」をめぐる理解可能性の水準で変容が生じてはいないとしても、近年の子育て支援施策の展開は、実際に子どもが家族の外部でケアを提供される機会の増大をもたらしている。そして、そのような機会は、たとえば、川間さんが単に子育て私事論を採用するというよりも、ウタル（Uttal 1996）が「協調的ケア」と表現するような子どもの家族と自分が子育てを分かちあうことを求めていたように、子育て私事論を包摂したかたちで支援の論理が参照される機会ともなっている。

「介護の社会化」については、藤崎（2009: 42）が、介護保険制度における生活援助サービスの利用抑制を例にとりつつ、社会化の理念が見失われ、「高齢者介護における家族責任が以前にも増して厳しく問われる」現状を「介護の再家族化」と表現している。藤崎はこの「再家族化」という用語に批判的な意味合いを込めているが、本書においてその語りを検討した子育て支援の提供者たちは、「育児の社会化」の理念のもとに新たに生まれた子育て支援のフィールドにおいて、育児の家族責任をその都度参照しながらそれぞれの支援を実践しているという意味で、実践的な「育児の再家族化」を行っているものと捉えられる。それは支援の提供対象となる家族を子育て私事論と整合的なものに近づけようとするかたちでなされることもあれば、自分が提供するケアを「家庭的」なものに近づけることが試みられる場合もある。むろん、これらのこと自体が直ちに「ケアの社会化」の観点から批判に値するものであるとも、サービスの利用抑制を意味するものであるとも限らないが、支援の論理がその作動において子育て私事論と骨がらみになっているということは、提供される支援のあり方にたしかに刻印されている。

したがって、現代日本における子育て支援の展開の家族変動、あるいは社会変動としてのインパクトは、単に個人の家族行動にまつわる選択性や自律性が増大したという意味での家族の多様化や個人化とは異なるものとして把握される必要がある。第一に、一九九〇年代以降の子育て支援施策の展開およびそれにともない生じた家族と子育てをめぐる規範的論理の二重化状況は、「子育て」をめぐる実践や経験が支援の論理の使用を通じても理解されうるものになったという意味においては、家族の理解可能性の水準における「多様性」の増大をもたらしつつある。*3 ただし、少なくとも現時点において、支援提供者の実践を支えている論理に注目したとき、この支援の論理と子育て私事論の二重化は、あくまで前者が後者を前提にするかたちで成立しているものであり（藤崎 2000b; 2003, 相馬 2011b 参照）、家族に育児責任を帰属する規範の弛緩として単純に捉えることのできるものではない。

第二に、むしろこれまで対象者たちの語りに即して記述してきたような、子育て支援に関わる人々が家族の育児責任についての理想と現実の調停を求められる場面が広範に出現しつつあるということ自体を、近年の子育て支援の展開がもたらしている現代家族、ひいては現代社会をめぐる新たな局面として捉え直すことができる。子育て支援の提供者が行う実践的な「育児の再家族化」とは、支援の論理の社会的浸透によって成立している場面の要請に合わせた仕方で子育て私事論を適用することであった。そして、おそらくこのように支援の論理と子育て私事論とが出会う場面は、子育て支援の提供者のみならず、子育て支援を受ける立場にある人々もしばしば遭遇しているものであるだろう（堀 2009, 出口 2013, 井上 2013）。つまり、現代家族における子育てとは、二つの相反する規範的論理が利用可能なものとして併存しているという条件のなかで、それらをその都度の場面に合わせたかたちで参照しながら経験されざるをえないものになりつつあると考えられるのである（Gubrium & Holstein 1997 参照）。

二重化状況における子育て支援とその専門性

先述されたような論点は、本書の知見が「支援・ケアの社会学」および子育て支援論という文脈においてもつ意味とも関わっている。「支援・ケアの社会学」としては、まず、これまで研究が相対的に手薄であった子育てというケアへの支援が行われる主要な三つの形態について、支援の営みがその提供者たちによってどのように実践され、どのようなものとして経験されているのかを具体的な題材に基づいたかたちで例証することを行った。

同時にこの作業を通じて示されたのは、それらの家族領域と福祉領域のインターフェイスにおける実践と経験を把握するうえで、家族と子育てをめぐる規範的論理の二重化状況に注目することの重要性である。これまで「支援・ケアの社会学」においては、主に高齢者介護や障害者の介助について、ケアを家族から外部化することの困難がしばしば指摘され、それを外部化するための方途や条件についても議論がなされてきた（藤崎 2000c, 土屋 2002, 中根 2006, 井口 2007, 齋藤 2007, 木戸 2010）[*4]。

本書における語りの検討は、この困難が子育てというケアにも存在しているのはもちろんのこと、子育てというケアを外部化することの困難をもたらしているような家族と子育てをめぐる規範的論理が、それが外部化された先に位置する人々にもさまざまな方法で使用されていることを示してきた。同時に、この困難を解消するためにどのような方途がありうるのか、いかなる条件がその方途を支えているのかについて、支援提供者の実践に即したかたちで論じるものでもあった。それはすなわち、家族に育児責任を帰属する子育て私事論を支援の論理によって包摂するという方途であり、その方途を実行するためには、支援が提供される状況の「キサラギ」よりも「保育ママ」がもっているような意味での「家庭性」が一つの条件になりうるということである。

もちろん、このような議論は子育て私事論の存在や「保育ママ」による支援の家庭性自体に積極的な評価を与えるものではない。しかし、あくまで規範的論理が二重化している現状を所与とした場合においては、支援の実践に携わる者と支援を受ける者にとって、提供をしやすい／受けやすいかたちで子育て支援が行われるにあたって、これらの方途や条件がもっている意味は大きいと考えられる。

本書の知見が従来の子育て支援論にとってもっている意義もこの観点から理解することができる。特に第5章と第6章においては、「保育ママ」では家庭性、ひろば型支援の提供者は当事者性をそれぞれの特徴とされつつ、いずれについても専門性の必要が一つの論点となるなかで、それらが彼女たちの語りにおいてどのような位置を与えられているのかを検討した。そこで示されたのは、それぞれの専門性は、「保育ママ」であれば、家庭的であるための専門性および家庭性の論理を現実化することとの専門性、ひろば型支援の提供者であれば、「素人」であることとの専門性という位相を含んでいることであった。

彼女たちの専門性をこのように把握することには、二つの含意がある。第一に、しばしば行われているように、「保育ママ」が子どもに提供するケアおよび子どもとその家族との間に形成する関係の家庭性や、ひろば型支援の提供者たちの当事者性を所与のものと見なし、その効用を強調することは、それらが「保育ママ」たちによる家庭性を実現するための工夫、ひろば型支援の提供者たちによる利用者と対称的な関係を維持するための工夫を看過しているという意味において危ういものである。支援の家庭性や当事者性は、これらの実践上の工夫によって初めて達成されるものであるにもかかわらず、従来の子育て支援論のように家庭性や当事者性が前提されてしまったとき、その工夫の内実が記述の対象となることはない。本書では、不充分ではあるものの、この内実に記述を与えることを試みた。

第二に、これらの子育て支援における専門性は、いずれもそれぞれの状況に応じた仕方で、支援の対象となる人々の家族としての育児責任について配慮を行うこと、あるいは、その配慮を行うための技法を含んでいるということである。規範的論理の二重化状況のもとで、支援の論理に沿った実践を行う立場にある人々は、ときとして、子育て私事論を考慮に入れながら支援の提供を行う。このような実践的な「育児の再家族化」は、家族の育児責任について二つの規範的論理が併存する状況において、彼女たちが自らの支援実践を自他にとって抵抗の少ないかたちで続けていくための工夫の重要な一部となっていると考えられる。したがって、今後、子育て支援における専門性に関わる議論がなされるとき、すなわち、支援に必要な知識や技能が論点になるときには、この家族の育児責任についての配慮の技法という位相にも焦点が当てられる必要があるだろう。

3　「育児の社会化」の条件と「親であること」の多元性

ケアの社会的配分と家族概念の再考

これまで本書の知見が家族社会学的な家族変動論、そして、「支援・ケアの社会学」および子育て支援論という文脈において有する意義について検討してきた。最後に、以下では、これら二つの文脈が交差するところ、すなわち、ケアの社会的配分についての議論のなかに本書の知見を置くことで、家族領域と福祉領域のインターフェイスに位置する子育て支援という主題に対して本書のようなアプローチをとることによってどのような論点が提起可能になるのかを論じることにする。

近年の家族社会学や社会政策研究においては、依存する他者へのケアの社会的配分およびそのなかでの家族の位置づけが一つの論点となっている。このような議論の多くは、福祉レジーム論の枠組みを参照しつつ（Esping-Andersen 1999＝2000）、ケアに関わるコストの国家、市場、家族などの諸セクター間での配分のあり方を問題化するものである。たとえば、舩橋惠子（2006）は、育児をめぐるコストの社会的配分に焦点を当てて、公的保育、児童手当、育児休業への給付の三つを指標に「育児の社会化」がどれだけ進んでいるかの国際比較を行っている。その結果によると、アメリカ、フランス、スウェーデンの三カ国に比べて、日本は「育児の社会化」が「家族主義的解決を引きずりつつ、遅れて進んでいる」社会であると位置づけられる（舩橋 2006: 243）。ここでは、脱家族化の進行が遅い日本社会の家族主義の根強さが問題化されるとともに、従来のような家族主義的解決が困難になりつつあるという現状認識のもとに、そこから脱皮する必要性が議論されている。[*5]

序章の冒頭で言及したように、現在の日本社会においては、子育て支援をめぐる言説のポリティクスが存在しており、「育児の社会化」や子育て支援施策の拡充は、社会や家族で生じる問題の原因とされることもあれば、それらを解決するための手段として必要性が主張されることもある。このような状況において、家族社会学者がしばしば後者の立場から「育児の社会化」を推進する必要性を主張してきたことも（たとえば落合［1994］2004; 2000, 牧野 2009）、先述の家族主義批判という文脈のもとにあるものと理解することができる。

さらに、このようなケアの社会的配分をめぐる問題から展開して、ケアの単位としての家族概念の問い直しを促す議論も行われている。M・ファインマン（Fineman 1995＝2003）は、男女間の性愛を媒介とした「性的家族」ではなく、ケアする者とケアされる者のメタファーとしての「母子対」こそが国家による保護の単位とされるべきだと主張する。牟田和恵（2009）は、このファインマンの議論を参照しながら、彼女が「ジェンダー家族」と呼ぶ一対の男女の結びつきを核とする生活形態が女性に孤立や「二次的依存」（Fineman 1995＝2003: 180）をもたらすなどの脆弱性を抱えていることを指摘したうえで、それを超えるケアの単位としての新しい「家族」に社会的特権を与える提案を行っている。*6 ここではケアを脱家族化すべきであるという主張のみならず、ケアが私事化されていることへの批判を含みつつも、ケアの単位としての家族の限界を見定めたうえで、それを超えたところにある社会成員にとっての新たな生活保障の基盤のあり方が構想されている。

また、久保田裕之（2009; 2011a; 2011b）も、ファインマンらの議論を参照しつつ、これまで家族に求められてきた性的親密性、依存者のケア、居住における生活の共同といった複数のニーズの束を区別したうえで、「家族的ニーズを個別のニーズへと分節化し、社会的なニーズとして正当化が可能かを検証した上で、家族の枠組みを超えて福祉の対象としていくことが必要」（久保田 2011a: 120）となると論じる。そして、この複数のニーズを区別すべきであるとの主張は、家族概念を分節化することの利得の主張にもつながっている（久保田 2009）。すなわち、「親密圏」「ケア圏」「生活圏」の偶発的な重なり合いのなかに家族を再定位することによって、家族外でのケアの多様な担われ方を視野に収めるとともに、ケア圏としての家族の特徴を問うことができるようになるという問題提起がなされている（久保田 2011b）。

要するに、以上の議論においては、ケアの社会的配分をどのように構想するかという問題が、これまでその主要な宛て先となり、その宛て先となることを自らの「臨界」としてきた「家族」という概念の問い直しにつながっている（牟田 2011 参照）。すなわち、これまで通常は「家族」と呼ばれることがなかった新たなケアの単位を「家族」に含める家族概念の拡張であれ、「家族」に求められているケアを含めた複数のニーズを区別する家族概念の分節化であれ、そこで共通して問題化されているのは、伝統的な意味での「家族」とケアの単位を同一視することであるだろう。

「育児の社会化」の条件としての実践的な「育児の再家族化」

本書はこのようなケアの社会的配分およびその単位としての家族をめぐる問題について、異なるアプローチを採用してきた。それは子育て支援の実践についての語りという題材を用いて、概念間の連関としての家族規範の用法に注目しながら、家族主義の強い日本社会において子どもへのケアが脱家族化されたときにどのような事態が生じるかを検討するというアプローチである。このことによって本書の知見は、経験的な社会学的記述という観点から、ケアの社会的配分をめぐる議論に対する問題提起を行いうるものになっている。

本書がこれまで対象者たちによる語りに即して示してきたことは、福祉レジーム論の語彙を比喩的に用いて述べ直すならば、脱家族化された子育て支援の提供はときとして家族主義的な規範的論理を参照しながら行われており、ケア責任を家族に帰属する「保守主義」とそれを脱家族化する「社会民主主義」との間のギャップを埋めているのは（Esping-Andersen 1999＝2000）、支援提供者たちのさまざまな工夫だということである。とすれば、今後、日本社会において「育児の社会化」が制度的にさらに推進されるうえでは、サービスの柔軟化や多様化といった水準での充実のみならず、脱家族化のためのもろもろのサービスが充実することのみによっては解消されない、規範的な理解可能性の水準における家族主義をどのように取り扱うかがますます大きな課題となってくるであろう。そして、このような家族主義的な概念の連関に埋めこまれたままで「育児の社会化」を進めるにあたっては、本書が記述してきたような支援の論理による子育て私事論の包摂によって「保守主義」と「社会民主主義」の折り合いをつけやすい条件が整っていることは、支援提供者にとっても、またおそらく支援を受ける人々にとっても、少なくとも日本社会の現状を所与とした場合には、きわめて重要ではないだろうか。

むろん、このように述べることは「育児の社会化」の必要性を否定することではまったくない。むしろ、一九九〇年代以降、「育児の社会化」の必要性を説く言説が社会学者によるものも含めて広く流布し、ある程度の社会的浸透を果たしてきたにもかかわらず、支援が実践される場において家族主義が作動しつづけている以上、家族主義を包摂しうるようなかたちで、すなわち、実践的な「育児の再家族化」をも織り込むようなかたちで子育て支援施策を展開することこそが、日本社会において育児を脱家族化するための戦略として有効なのではないだろうか。

言い換えれば、ただ家族の育児責任を外部化すべきことだけを主張する言説は、子育て支援をめぐる言説のポリティクスのなかで、家族主義的な論理、とりわけ、支援が実践される場において作動する家族主義に対してはしばしば有効なクレイムたりえないように思われる。*7 この点において、日本社会における「育児の社会化」を提唱する社会学者が子育て支援に携わる人々による実践から学ぶところは大きいはずである。したがって、子育て支援を対象とする社会学研究にとっては、育児の社会化を主張することによって子育て支援をめぐる言説のポリティクスに直接的に参入しようとするだけではなく、あるいは参入しようとする前に、そのような実践を経験的に記述することが課題となる（相馬 2011a 参照）。そして、まさにそのことを目的としてきた本書の記述は、「家族」と「子育て」の規範的連関を考慮に入れつつその連関自体を支援の対象に包摂していくような実践の一端を含むものであった。

「家族」の用法と「親であること」の多元性

本書が子育て支援の実践を家族規範の用法に注目しつつ経験的に記述するというアプローチを採用してきたことは、ケアの単位としての家族概念の再考をめぐる議論をどのように捉えるかということとも関わっている。たしかに、子どもへのケアは国家や市場へと外部化するというオプションがあるのみならず、そのオプションをとらない場合でも、「ジェンダー家族」によって提供される必然性があるわけではない。現在、多様な意味合いで「家族」と呼ばれているものもそうでないものも含めて、社会成員にとっての生活保障の基盤にはさまざまな形態がありうる（牟田編 2009）。その意味で、「家族」と「ケア圏」の重なり合いは偶発的なものである（久保田 2011b）。

しかし同時に、両者のこの偶発的な重なり合いはアプリオリな性質をもっている（Coulter 1983 参照）。つまり、実際には家族においてケアが提供されないことはあるし、ケアが家族成員以外によって提供されることもあるという意味で、家族とケアの連関は偶発的である。しかし、すでに何度も述べてきたように、このような経験的な事例は両者のアプリオリな規範的連関の否定につながるわけではなく、家族とケアの偶発的な連関は、ケアの授受を欠いた家族生活や家族成員以外によってケアが実践される文脈においても、使用されつづけるかもしれない。久保田（2010: 15）は「現代のケアについての研究を行うためには、親子概念をもち出す必要はなく、実際にケアを行う人々を対象化しさえすればよい」と述べているが、福祉的なケアを提供する実践についての研究は、それらの実践がケアと家族に関わる諸概念との規範的連関をその重要な構成要素として含む局面があることを示してきた（Gubrium & Holstein 1990＝1997, 井口 2010, 木戸 2010）。しかし、家族概念の拡張や分節化によっては、この規範的連関がケアの意味を支えているありようを把握することはできない。

つまるところ、「家族」という概念の意味は人々によるその用法のなかにある（Gubrium & Holstein 1990＝1997, 木戸・松木 2003, 松木 2013）。とすれば、ケアの社会的配分をめぐる問題から家族概念を問い直すという試みも、ケアが家族によって提供されない場合や、あるいは、家族成員以外の者によってケアが提供される場合において、「家族」に関わる概念およびそのケアとの連関がどのように用いられるのかを見定めることから始められてよいはずである。そして、この問題設定は規範的論理の用法に注目しながら、社会化されるケアと家族変動との関わりを問うという本書のそれと重なり合っている。

このような観点からすれば、本書の第4章と第5章による語りの検討は、「家族」と「子育て」というケアとの偶発的でアプリオリな結びつきが、家族成員以外の者が子どもへのケアを提供する実践と経験の重要な構成要素となっていることを明らかにするものであった。であるからこそ、子育て支援者たちは、自らによるケア提供と家族の育児責任との間でさまざまな調停を行っていたのである。そこでは「家族」は、その成員によって提供されるケアが、他の者によるそれよりも規範的に優先する存在でありつづけている。第1章でも言及したように、U・ベック（Beck & Beck-Gernsheim 2001: 203）は個人化の進行によって、すでに家族が生きながら死んでいる「ゾンビ・カテゴリー」になったと主張している。しかし、家族成員以外の者が子どもにケアを提供する実践や経験が説明されるにあたって、子育てを担う単位としての「家族」という概念が用いられつづけていることは、少なくとも規範的な理解可能性の水準においては、カテゴリーとしての「家族」がその生命を失ってはいないことを端的に示している。したがって、家族を「屍体」ではなくゾンビに喩えるのであれば、その比喩は家族が個人化によってすでに死んだということではなく、「死後」もなおその概念としての作動を止めてはいないという事態を指すために用いられるのでなければならない。*8

とはいえ、子育てを支援する実践と経験の記述から示されうるのは、子育ての単位としての家族概念が変わらず参照されつづけていることだけではないだろう。むしろ、ケアが社会化された状況における家族規範の用法に目を向けるというアプローチには、家族概念の拡張や分節化を唱える議論とは異なる視角から、ケアの単位としての「家族」を再考する機会を提供する可能性もある。

たとえば、第5章で語りを取り上げた「保育ママ」のKさんが、自分が子どもへの主なケア提供者であることを前提としつつも、子どものケア責任が母親によって遂行されるためのストーリーの提示を試みていたように、家族成員以外の者によっても子どもがケアを提供されるという状況のもとで、「家族」と「子育て」の規範的連関が維持されるにあたっては、「家族」が「子育て」をするということの意味のヴァリエーションが観察できるようにも思われる。渡辺秀樹（1999: 97）は、「親であることと、養育という行為によって子どもと関係を取り結ぶことは、ひとまず別個の独立した問題であり、その上で両者の関連を探ることが必要になる」と指摘している。子育て支援者たちが子育て私事論を支援の論理で包摂することによって、自分たちによるケア提供と家族の育児責任との調停を行うときにも、「親であること」（parenting）と子どもへのケア提供者であることとの分離が行われる場合がある。子育て私事論が効力を保ったままで行われる「育児の社会化」の実践には、Kさんのように、親としての育児責任の遂行と子どもへのケア提供とを区別する指向を見てとれることがあるのだ。

同じく第5章で語りを検討した「保育ママ」のHさんも、自分がケアを提供する子どもの母親との関わりについて以下のように述べている。

Hさん：いまが結局こういうあれ（世の中）だから、何しろ忙しいかもしれない。だから三歳までお母さんがみなさいとは言わないよ。みれるんだったらみるのが一番いいんだけど、いまのこういう世の中だから働かなきゃ食べていけないいんだからあれなんだけど、でもほんとうにお迎えに来たときじゃないけど、「五分でもいいから膝に入れて、子どもをなにしろ抱きしめてあげて」って言うの。ただ、「子どもが自分は二人の両親、お父さんからもお母さんからも自分は愛されているんだっていう気持ちをね、ちゃんともった子にしてね」って言うの。

Gさん：そう、そこだよね。

Hさん：そうしないと子どもが不安なまま大きくなると。

Gさん：どういうことになるかというのはね、目に見えてるでしょう。

Hさん：うん、だから「忙しいかもしれないけど、それってできるよね」って。膝に抱いて、もうお風呂一緒に入ってでもいいから、ちゃんとお話を聞いてあげるとか、抱きしめてあげるとか、三歳までなんだから。

ここでHさんは、やはり自分が子どもにとっての主なケア提供者であることを前提にしながら、母親には物理的なケア提供というよりも、子どもが親から愛情を受けていると実感できるようにすることを求めている。B・フィッシャーとJ・トロント（Fisher & Tronto 1990）はケア（caring）を、「気遣うこと」（caring about）、「ケアに責任をもつこと」（taking care of）、「ケアを提供すること」（care-giving）、「ケアを受けとること」（care-receiving）という四つの位相からなるプロセスとして捉えているが、このHさんの語りにおいては、「ケアを提供すること」以外のかたちで子どもへの「気遣い」や「責任」を示すことが母親に要求されている。[*9] 言い換えれば、HさんやそしてKさんが指向しているのは、子どもへのケアのある位相、「養育」という行為は自分が引き受けつつ、それとは異なる位相、「気遣うこと」や「ケアに責任をもつこと」を母親の責任として措定する一種の分業である。[*10] そしてこのとき、「親であること」は「気遣うこと」や「ケアに責任をもつこと」を意味するのと同時に、「養育」、あるいは「ケアを提供すること」以外によっても遂行しうるものとして位置づけられている。

つまり、「家族」が「子育て」と結びついているのだとしても、「家族」という概念は「子育て」という概念のさまざまな位相のうち、親が「ケアを提供すること」だけではなく、D・ディモ（Demo 1992）が「支援的分離」（supportive detachment）と表現するような、「家族外部の育児資源を導入し、コーディネイトすることなどによって、親は子どもをサポートしているという状況」（渡辺

1994: 87）とも結びつきうる。[*11] このような意味で、「家族」が「子育て」をすること、すなわち、「親であること」には多元的な可能性があり、したがって、「家族」が子育ての単位であるということの意味も多元的なものでありうる。[*12] 家族成員以外の者によって子どもへのケアが提供されるという事態の広がりのもとで、なお家族によるケアの規範的優先性が維持されつづけるとしても、「家族」と「子育て」というケアとの結びつきはさまざまなかたちをとりうる。そして、このような多元的な可能性が具体的にいかなるかたちをとるのかという問題は、おそらくは家族概念の拡張や分節化を唱える議論ともその関心を部分的に共有しつつも、まずはケアが実践されたり問題化されたりする状況における家族規範の用法の経験的な記述によって解が与えられるものである。ケアの単位としての「家族」の再考は、このようにさまざまなかたちでの「家族」と「ケア」との結びつきを人々の実践と経験における使用に即したかたちで解明するという作業を通じても行うことができる。本書で行った検討はその作業のための端緒となりうるものであるだろう。

さらに言えば、「家族」と「ケア」がさまざまなかたちで結びつく可能性をもっていることは、この終章で本書の知見をそのなかに位置づけてきた家族変動論と子育て支援論という二つの文脈とも関わっている。まず、「家族」と「子育て」がさまざまなかたちで結びつきうるという概念の連関の多元性は、「家族の臨界」とされるところの子育てというケアが家族の成員によって「提供」はされなくても、「家族」が「家族」でありうるという可能性が開かれるということを示唆している。つまり、「家族」と「子育て」の連関が多元的であるだけ、子育てが「家族の臨界」であるということの意味にもヴァリエーションがありうるのである。このことはわれわれが「家族」や「子育て」を経験する新たな可能性を開くものであり、したがって、そのような多元的な連関が人々によって実際に使用されることは、規範的な理解可能性の水準における家族変動の重要な一部を構成している。

また、この点とも関連して、本書で繰り返し論じてきた子育てを支援することのジレンマは、「子育て」と「ケアを提供すること」とが等置されたままで、言い換えれば、「親であること」が一元的に捉えられたままで、子どものケアを家族外の領域に移転することによって、ケア提供者が矛盾ある立場に置かれることを意味している。このことを翻せば、「親であること」を多元的なものとして、つまり、親が「ケアを提供すること」とは区別可能なものとして捉えることは、実践的な「育児の再家族化」を行いうる条件を整えることとはまた異なるかたちで、現在の日本社会において「育児の社会化」をスムーズに推進するうえでの一つの道筋を示すものであると考えられる。これがケア提供者にとっては、子どもへのケア提供は引き受けるが「親であること」は引き受けないという実践を、家族にとっては、子どもへのケア提供は外部化するが「親であること」は外部化して放棄しないという実践を可能にするからである。

これまで何度も述べてきたように、一九九〇年代以降の子育て支援施策の展開は、家族が子どものケアを媒介として福祉領域との関わりを深めていくという事態をもたらしつつある。そして、子育て支援が社会学的な議論の対象となるとき、しばしば福祉領域における子どもへのケアの提供は、「育児の社会化」のためにその拡充の必要性が主張されたり、あるいは、現金給付という選択肢との対比のもとにその政策としての是非が批判的に検討されたりしてきたが（赤川 2004、金子 2004）、このような議論の構図のなかでは、子育てを支援するという実践と経験の記述が社会学的な研究の目的とされることは稀であった。しかし、本書の検討が示してきたのは、子どものケアを媒介とした家族領域と福祉領域との交錯は実に複雑な実践と経験の生起する機会を生み出しており、子育て支援の展開を家族領域から福祉領域へのケアの単なる外部化としてのみ捉えるのではなく、その交錯の複雑な様相に目を向けるべきだということである。

そこでは、たとえば、福祉領域の担い手が家族に働きかけたり、家族に自らを近づけようとしたりなど、福祉的支援の営みは、「家族」や「子育て」にまつわる概念やその規範的な連関を参照しながら実践されていた。本書では扱うことができなかったが、おそらく家族領域からも福祉領域に対して働きかけがなされており、そこでも「家族」や「子育て」にまつわるさまざまな概念の連関が参照されているだろう。現在の日本社会において、子育て支援を構成しているのはそのような巧妙にかたちづくられた実践であり、そのような実践の綿密な検討なくして、将来の子育て支援や「育児の社会化」の仕組みを構想することはできない。本書の試みはそのためのささやかな一歩である。

注

＊1――むろん、一九九〇年代に子育て支援施策が展開される以前から、保育園も「保育ママ」も子どもへのケアを長年にわたって提供してきた。ただし、そうしたケア提供の営みは、子育て私事論、抑制の論理を制度的前提としてなされているものであって、社会編成上のインパクト、社会成員にとってもつ含意が現在の子育て支援のそれとは大きく異なっていると思われる。

なお、女性の主婦化と雇用労働者化がせめぎあう一九六〇年代の保育所づくり運動の研究では、それが「主婦化規範への構造的な批判という側面をもった社会運動」（和田 2011: 25）であったことが指摘されている。一九七〇年代にケアワークの社会化の理念が家庭保育の原則とせめぎあいながら存在していたことの指摘（横山 2002; 2004）、さらには、そもそも保育制度の成立と近代家族の成立プロセスがもつ内的な関係を歴史的に検討する必要性の指摘（太田 2012）とあわせて、一九九〇年代以降における子育て支援とそれ以前のさまざまな保育実践との関係の記述は、今後の課題として残されている。

＊2――元森絵里子（2009）は、教育言説における「大人」とは異なるものとしての「子ども」というカテゴリーの歴史を記述しながら、それがいかに消えにくく、語りつづけられるものであるかを明らかにしている。これが「人生段階」装置のなかの「子ども」カテゴリーの消えにくさについて論じたものであるとすれば、本書は特定の福祉領域に焦点を当てて、「家族」という成員カテゴリー化装置のなかの「子ども」カテゴリーが同じ装置のカテゴリーとの間に有する結びつきの消えにくさを論じるものであった。

＊3――S・ハリス（Harris 2008）は、家族の多様性について、「客観的多様性」と家族的な関係性の意味の与えられ方をめぐる「解釈的多様性」を区別することの意義を論じている。

＊4――子育て支援については、ＮＰＯが子育て家庭に学生を派遣する「家庭訪問事業」において、家族以外の人々が家庭に入ることへの母親の抵抗感は活動を通じて緩和されていくことを論じた研究がある（堀 2009）。

＊5――このようなケア役割が家族に集約されているという意味での「家族主義」という用語の使用とそれに対する批判は、いわゆる近代家族論以降に、それまでの家族研究における「家族主義」批判との断絶をともなうかたちで顕著になったものであることが指摘されている（阪井・藤間・本多 2012）。

＊6――具体例としては、夫婦共働きで子ども二人の家族、シングルマザーと子ども一人の家族、そして親からの仕送りでそれぞれ一人暮らしをする二人の大学生が、一つの居住の単位になって、ケアと家事をシェアするという生活形態が挙げられている（牟田 2009）。

＊7――中根成寿（2006: 165）は、知的障害者家族について、「『家族によるケア』から『社会によるケア』へのリニアな移行という捉え方では、ケアの社会的分有は実現困難」であることを指摘したうえで、「親に内在する『ケアへ向かう力』への配慮無しにケアの社会化」を訴えることの限界と、社会サービスと家族をつなげる「関係に配慮した支援」（中根 2006: 179）の必要性を論じている。

＊8――このように述べたからといって、家族が個人化によってすでに死んだというベックの主張に賛同するわけではない。なお、ベック（Beck & Beck-Gernsheim 2001: 203）は、個人化によって「新しい意識と古い条件の歴史的につくられた混合」がもたらされると述べた後に、家族、階級、近隣を例に挙げてゾンビ・カテゴリーという言葉を用いているが、その好例であるとされる家族については、人々の意識の変わらなさにも言及している。

＊9――ただし、フィッシャーとトロントによるこの区別の主眼は、「気遣うこと」「ケアに責任をもつこと」「ケア

を提供すること」の断片化がケア提供者にもたらす問題にある（Fisher & Tronto 1990)。

＊10――上野（2011: 155–156）は、高齢者介護の外部化を論じる文脈において、「責任労働」という概念を導入して、「サービスをほぼ一〇〇パーセント、アウトソーシングすることが可能でも」、代替不可能で個別的な人間関係に基づいた家族のケア責任はなくならず、「私的セクターが他のセクターに移転することが困難な／あるいは移転しないほうがよいケアというものがあるとしたら、このケア責任であると言えるだろう」と述べている。ここで示唆されているのも、「ケアを提供すること」の外部化と「ケアに責任をもつこと」の外部化を区別したうえで、「ケアを提供すること」の外部化が必ずしも「責任労働」、家族のケア責任の外部化を意味しないということである。このような上野の議論は、現代社会では子どもへのケアをコーディネートする責任が家族に課されているとする山田（2005a）のそれとも重なっている。

ただし、福祉多元社会における家族の役割を「代替不可能な情緒関係の調達とケアにかかわる意思決定」（上野 2011: 457）としてモデル化することが、家族への与件的な機能配分としてなされるならば、それは外部化不可能な「家族の本質」を措定する本質主義的な議論に近づくという意味で問題を含むことになるだろう。

＊11――子どもをケア提供者に預けている母親たちの語りを検討した研究は（Uttal 1996, Christopher 2012)、彼女たちが母親であること（motherhood）や母業（mothering）の再定義を行っていると指摘している。彼女たちの語るところによれば、母親はつねに子どもと一緒にいなくても母親であることができるし（Uttal 1996)、よい母業とは自分が子どもにケアを提供していないときにも子どものウェルビーイングに責任をもつことである（Christopher 2012)。したがって、「自分の子どものケアの他者への移転は、彼女たちが母業をやめることを意味していない。子どもを他者のケアに委ねているときでさえ、彼女たちは自分の母親としての責任が継続していることを承知しているのである」（Uttal 1996: 309)。

＊12——家族の他にもさまざまな「親役割」の担い手が存在することの重要性がしばしば主張されるのに対して（渡辺 1994, 鳥越 2008）、ここでの「親であること」の多元性は、家族が子育てを担うということにもさまざまな位相がありうることを指している。

あとがき

　わたしが子育て支援を研究の対象とするようになったきっかけは、ほんの偶然のようなものだった。そして、自分の子どもが欲しいとか子どもを育てたいとかいう願望があまりないわたしにとって、これは学問的な意義はあるにせよ、あまり「実存的な」テーマではないなと、インタビュー調査を始めたり、論文を書いたりするようになってからも思っていた。しかし、研究を進める過程で、徐々にではあるが、このテーマが、自分が家族あるいは社会についてずっと抱きつづけてきたある違和感、自分が家族社会学を専攻しつづけている理由にもなっているような違和感と関わっていることにようやく気づきはじめた。

　それはわれわれの社会では、ある者が同じ家族の一員であるとされるかされないかによって、その者との関係がもつ意味が大きく変わってしまうことへの違和感である。たとえば、経済的に余裕のある親であれば、自分の子どもの大学進学費用を負担することはほとんど義務でさえありうるだろうが、隣の家の子どものそれを負担することはそのようには見なされない。妻が夫と二人で旅行に出かけるのは当たり前のことであっても、彼女が異性の友人と旅行に出かければそれは道徳的な非難の対象になりうる。しかし、わたしにはこういうことがどうもよく理解できない。どうして隣の家の子どもの学費は払わなくてよいのに自分の子どもだと払わないといけないのかと思ってしまうし、配偶者以外の異性と二人で旅行することがとがめられるようなことだとは思えないのである。

あるいは、数年前に、ある家族社会学者によるたいへん学ぶところの多い著書の「あとがき」に「縁あって人生を共に歩むことになった夫」への感謝の記述を見つけて、とても驚いたことがあった。結婚をしたいという願望もあまりないわたしは（もっとも、願望があったとしても、それを実現できるかどうかはまた別の話ではある）、家族ではない知人たちとも、関係の濃淡やその移り変わりこそあれ、勝手に人生を共に歩んでいるつもりでいるのだが、先方のほうではまったくそうは思っておらず、彼らにとっては配偶者や子どもこそが、人生を共に歩む相手なのかもしれない。そして、家族の歴史的・文化的な相対性について論じることを得意としているように思われる家族社会学者であっても、それはあまり変わらないのかもしれない。そんなひょっとしたら当然のことにようやく気づいて、ほとんど愕然としてしまうほどに、わたしにとって家族であるか否かによる社会成員の区別はわがこととしての実感が難しいという意味で不思議な現象でありつづけている。

本文からもおわかりいただけると思うのだが、子育て支援が実践される状況というのは、この家族というものの不思議さが充満し、際立ってくるような状況の一つである。わたし自身は「育児の社会化」というアイデアに何の抵抗も感じないし、現在でも、「育児の社会化」を推進することが必要だと思ってはいるが、本書が基づいているインタビュー調査を行うなかで、子育て支援に携わっている方々の家族や子育てについての「不思議な」思い入れに繰り返し触れることによって、「育児の社会化」を進めるにあたっては、この家族というものの不思議さを考慮することが不可欠だと考えるようになった。本書はこの不思議な現象がなぜ生じるかについて解答を与えるものではないが、その不思議さがどのように生きられているのかを記述することを通して、この不思議さがそもそも不思議であることを浮かび上がらせるくらいのことはできたのではないかと思っている。

さて、本書はわたしが二〇一二年一〇月に慶應義塾大学大学院社会学研究科に提出した博士論文に若干の修正を施したものである。本書およびそのもとになった博士論文の執筆にあたっては、たいへん多くの方にお世話になった。

まず何よりも、ここでそれぞれのお名前を挙げることはできないが、これまでわたしによる非常に拙いインタビュー調査の対象者となってくださった方々、また、それ以外のかたちで調査にご協力くださった方々、本書で検討の対象とすることができなかった多くの調査も含めて、本書はこれらの方々のご厚意なくしてはありえなかった。心よりお礼を申し上げます。とりわけ第4章で語りを取り上げた「川間さん」との出会いは、わたしが研究を進めるにあたってのエポックになっている。また、「川間さん」と土屋美紀子さんには、東京都の家庭福祉員の皆様にインタビュー調査を実施するにあたって、ひとかたならぬお世話になった。「川間さん」も含めた多くの子育て支援関係者をご紹介くださった福川須美先生、「つばきの家」をご紹介くださった石垣文さんにも感謝を申し上げげます。

次に、博士論文の審査をお引き受けくださった慶應義塾大学の渡辺秀樹先生、浜日出夫先生、岡原正幸先生、早稲田大学の池岡義孝先生に、感謝の気持ちをお伝えしたい。特に慶應義塾大学大学院社会学研究科と早稲田大学人間科学部でそれぞれ指導教官をお引き受けいただいた渡辺先生と池岡先生は、研究の真似事を始めてから現在に至るまで、いつまでたってもさまざまな意味で未熟なままでいるわたしを寛容にお許しくださるだけでなく、いろいろな機会を与えてくださった。また博士課程を単位取得退学した後、将来への不安と手元不如意のために弱りきっていたときに、池岡先生に早稲田大学人間科学学術院の助手として採用していただけなければ、細々とでも研究の真似事を続けて博士論文を書き終えることはおそらくできなかった。にもかかわらず、筆者の能力不足のために、先生方から審査の過程でいただいたコメントを本書に充分に反映させることができず、忸怩たる思いである。

共著論文の一部を改稿して本書および博士論文に利用することをご快諾くださった木戸功さんと

大貫挙学さんにもお礼を申し上げます。木戸さんの研究のわたしへの影響の大きさは本書においても隠すべくもないし、大貫さんの研究への真摯な態度はとうてい真似のできないお手本としていつも頭のどこかにある。また木戸さんには、本書の刊行のために出版社をご紹介いただくというかたちでもお世話になった。

家族社会学研究会、DFS研究会、社会構築主義の再構築プロジェクト研究会の皆様からは博士論文および初出の各論文に関わる研究報告に貴重なコメントをいただいた。また、公益財団法人生協総合研究所が主催する子育て期女性のエンパワメント研究会での、座長の相馬直子さんら、子育て支援という研究対象を共有する方々との交流も博士論文を書き進めるうえで励みになった。

それから、現在の勤務先である東京福祉大学短期大学部の先生方は、齋藤歆能学部長を初めとして、子どもじみた態度を一向に改める様子のないわたしに温かく接してくださっている。いつもご迷惑をおかけしてばかりで、申し訳ありません。

なお、本書が基づく調査研究には、日本学術振興会から二〇〇七〜二〇〇八年度科学研究費補助金（課題番号：一九八三〇〇七六）の助成を受けることができた。また、第1章と第6章のもとになった論文は、公益社団法人程ヶ谷基金による二〇一二年度「男女共同参画・少子化に関する研究活動の支援、並びにこれに関する顕彰事業」において優秀賞を受賞しており、このときにいただいた賞金を本書の刊行費用の一部に充てている。これらの経済的支援についても、記して感謝する次第である。

最後に、丁寧に原稿のチェックをしてくださった竹内将彦さんをはじめとする新泉社の皆様と田中慶子さんにもお礼を申し上げます。

本書がこれら多くの方のご厚意に応えるだけのものになっているかどうか、心許ない限りではあるが、学部生のころから一五年近くにわたって細々と続けてきた研究の真似事にさしあたりの区切りをつけることができて、肩の荷が下りたような気持ちだというのも正直なところである。今回、微力の及ばなかったところについては、次の一五年をかけて、また別のかたちででもどうにか補うことができればと願っている。

二〇一三年六月三日

松木洋人

代栄編『フェミニスト福祉政策原論——社会福祉の新しい研究視角を求めて』ミネルヴァ書房，67-86.
吉長真子，2008,「日本における〈子育ての社会化〉の問題構造——教育と福祉をつらぬく視点から」『東京大学大学院教育学研究科研究室紀要』34：1-13.

和田悠，2011，「ジェンダー視点から戦後保育所づくり運動史を問う——1960年代の大阪府枚方市香里団地を事例に」『日本オーラル・ヒストリー研究』7：25-43.
渡辺秀樹，1994，「現代の親子関係の社会学的分析——育児社会論序説」社会保障研究所編『現代家族と社会保障——結婚・出生・育児』東京大学出版会，71-88.
渡辺秀樹，1999，「戦後日本の親子関係——養育期の親子関係の質の変遷」目黒依子・渡辺秀樹編『講座社会学2　家族』東京大学出版会，89-117.
Wilson, Thomas P., 1970, "Normative and Interpretive Paradigms in Sociology", In Jack Douglas (ed.), *Understanding Everyday Life: Toward the Reconstruction of Sociological Knowledge*, Aldine: 55-79.
Winch, Peter, 1958, *The Idea of a Social Science and Its Relation to Philosophy*, Routledge and Kegan Paul.（= 1977，森川真規雄訳『社会科学の理念——ウィトゲンシュタイン哲学と社会研究』新曜社）
山田昌弘，1992，「『家族であること』のリアリティ」好井裕明編『エスノメソドロジーの現実——せめぎあう〈生〉と〈常〉』世界思想社，151-166.
山田昌弘，1994，『近代家族のゆくえ——家族と愛情のパラドックス』新曜社.
山田昌弘，2004，「家族の個人化」『社会学評論』54（4）：341-354.
山田昌弘，2005a，『迷走する家族——戦後家族モデルの形成と解体』有斐閣.
山田昌弘，2005b，「家族神話は必要か？——第二の近代の中の家族」『家族社会学研究』16（2）：13-22.
山根常男，1963，「家族の本質——キブツに家族は存在するか？」『社会学評論』13（4）：37-55.
山根常男，1971，「家族の本質——その概念分析」姫岡勤・上子武次編『家族——その理論と実態』川島書店，1-28.
山根常男，1972，『家族の論理』垣内出版.
山下亜紀子，2004，「育児支援者の動機付けに見る地域型育児支援の展望」『国立女性教育会館研究紀要』8：39-50.
大和礼子，1995，「性別役割分業意識の二つの次元——『性による役割振り分け』と『愛による再生産役割』」『ソシオロジ』40（1）：109-126.
横山文野，2002，『戦後日本の女性政策』勁草書房.
横山文野，2004，「育児支援政策の展開——子育ての社会化に向けて」杉本貴戸江哲理，2011，「なぜ通い続けるのか？――ある子育て支援サークルの２つの利用のしかた」『京都社会学年報』19：1-22.
戸江哲理，2012，「会話における親アイデンティティ――子どもについての知識をめぐる行為の連鎖」『社会学評論』62（4）：536-552.
富永健一，1996，『近代化の理論――近代化における西洋と東洋』講談社.
東京都家庭福祉員の会，2008，『平成20年度各区現況報告書』.
鳥越皓之，2008，『「サザエさん」的コミュニティの法則』日本放送出版協会.
土屋葉，2002，『障害者家族を生きる』勁草書房.
Tuominen, Mary, 2000, "The Conflicts of Caring: Gender, Race, Ethnicity, and Individualism in Family Child-Care Work", In Madonna H. Meyer (ed.), *Care Work: Gender, Class, and the Welfare State,* Routledge: 112-135.
Tuominen, Mary, 2003, *We Are Not Babysitters: Family Child Care Providers Redefine Work and Care*, Rutgers University Press.
鶴田幸恵，2009，『性同一性障害のエスノグラフィ――性現象の社会学』ハーベスト社.
鶴田幸恵・小宮友根，2007，「人びとの人生を記述する――『相互行為としてのインタビュー』について」『ソシオロジ』159：21-36.
上野千鶴子，1990，『家父長制と資本制――マルクス主義フェミニズムの地平』岩波書店.
上野千鶴子，2008，「家族の臨界――ケアの分配公正をめぐって」『家族社会学研究』20（1）：28-37.
上野千鶴子，2011，『ケアの社会学――当事者主権の福祉社会へ』太田出版.
浦野茂，2007，「記憶の科学――イアン・ハッキングの『歴史的存在論』を手がかりに」『哲学』117：245-266.
Uttal, Lynett, 1996, "Custodial Care, Surrogate Care and Coordinated Care: Employed Mothers and the Meaning of Child Care", *Gender and Society* 10(3): 291-311.
Uttal, Lynett, 2002, *Making Care Work: Employed Mothers in the New Childcare Market*, Rutgers University Press.
Uttal, Lynett & Tuominen, Mary, 1999, "Tenuous Relationships: Exploitation, Emotion, and Racial Ethnic Significance in Paid Child Care Work", *Gender and Society* 13(6): 758-780.

Spector, Malcom B. & Kitsuse, John I., 1977, *Constructing Social Problems*, Cummings.（= 1990，村上直之・中河伸俊・鮎川潤・森俊太訳『社会問題の構築――ラベリング理論をこえて』マルジュ社）
Statham, June, 2003, “Caring for Children in Need: The Case of Sponsored Day Care”, In Julia Brannen & Peter Moss (eds.), *Rethinking Children' s Care*, Open University Press: 114-130.
菅原久子，2002，「今こそ“手塩”にかけた子育てを！　――育児の社会化が揺るがす家族の絆」『正論』353：284-292.
杉岡直人，1996，「家族規範の変容」野々山久也・袖井孝子・篠崎正美編『いま家族に何が起こっているのか』ミネルヴァ書房，47-68.
杉山千佳，2005，『子育て支援でシャカイが変わる』日本評論社.
Sussman, Marvin B., 1959, “The Isolated Nuclear Family: Fact or Fiction”, *Social Problems* 6: 333-340.
田渕六郎，1999，「家族戦略と現代家族の変容」庄司興吉編『共生社会の文化戦略――現代社会と社会理論　支柱としての家族・教育・意識・地域』梓出版社，43-67.
田渕六郎，2002，「グローバリゼーションと家族変動」後藤澄江・田渕六郎編『グローバリゼーションと家族・コミュニティ』文化書房博文社，64-91.
田渕六郎，2006，「分野別研究動向（家族）」『社会学評論』56（4）：950-963.
平英美・中河伸俊，2006，「構築主義アプローチの到達点――エンピリカルな見地からの課題と展望」平英美・中河伸俊編『新版　構築主義の社会学――実在論争を超えて』世界思想社，285-328.
多摩地区家庭福祉員の会，2008，『平成20年度多摩地区現況報告書』.
田辺昌吾，2007，「子育て支援つどいのひろばと家族支援」『現代のエスプリ』479：136-145.
立岩真也，2000，「過剰と空白――世話をすることを巡る言説について」副田義也・樽川典子編『現代家族と家族政策』ミネルヴァ書房，63-85.
戸江哲理，2008，「乳幼児をもつ母親の悩みの分かち合いと『先輩ママ』のアドヴァイス――ある『つどいの広場』の会話分析」『子ども社会研究』14：59-74.
戸江哲理，2009，「乳幼児をもつ母親どうしの関係性のやりくり――子育て支援サークルにおける会話の分析から」『フォーラム現代社会学』8：120-134.

carnation of Social Structures", In Nigel G. Fielding (ed.), *Actions and Structure: Research Methods and Social Theory*, Sage: 56-77.
施利平，2012,『戦後日本の親族関係——核家族化と双系化の検証』勁草書房.
渋谷敦司，1999,「少子化問題の社会的構成と家族政策」『季刊社会保障研究』34（4）：374-384.
Silverman, David, 2007, *A Very Short, Fairly Interesting and Reasonably Cheap Book about Qualitative Research*, Sage.
島直子，1999,「性別役割分業を維持する意識構造——『愛情』イデオロギーの視点から」『年報社会学論集』12：26-37.
下夷美幸，2000,「『子育て支援』の現状と論理」藤崎宏子編『親と子——交錯するライフコース』ミネルヴァ書房，271-295.
下夷美幸，2007,「家族の社会的意義とその評価——育児・介護の担い手として」本澤巳代子・ベルント・フォン・マイデル編『家族のための総合政策——日独国際比較の視点から』信山社，217-238.
汐見和恵，2010,「保育者の役割と保育者に求められる専門性——今求められている子育ち・子育て支援のコンピテンシー」『東京文化短期大学部こども教育研究所紀要』2：31-42.
汐見稔幸，2008,「子育て支援、その成果と課題——少子化対策の意義と限界」汐見稔幸編『子育て支援シリーズ第1巻　子育て支援の潮流と課題』ぎょうせい，3-17.
庄司洋子，1986,「現代家族の養育機能——危機の構造とその諸相」一番ケ瀬康子・古川孝順編『講座社会福祉7　現代家族と社会福祉——家族福祉・児童福祉・婦人保護』有斐閣，150-197.
副田あけみ研究代表，2001,『子ども家庭支援センターの機能に関する研究 平成11年度〜平成12年度科学研究費補助金（基盤研究（C）（2））研究成果報告書』.
相馬直子，2004,「『子育ての社会化』のゆくえ——『保育ママ制度』をめぐる政策・保育者の認識に着目して」『社会福祉学』45（2）：35-45.
相馬直子，2011a,「『子育ての社会化』論の系譜と本研究プロジェクトの目的」『生協総研レポート』66：1-16.
相馬直子，2011b,「家族政策の日韓比較」後藤澄江・小松理佐子・野口定久編『家族／コミュニティの変貌と福祉社会の開発』中央法規，73-93,

——社会学的思考の解体』「ホットロッダー——革命的カテゴリー」せりか書房，21-37）
Sacks, Harvey, 1992, *Lectures on Conversation: Volume I* , Blackwell.
Sacks, Harvey, Schegloff, Emanuel A., & Jefferson, Gail, 1974, “A Simplest Systematics for the Organization of Turn-Taking for Conversation”, *Language* 50 (4): 696-735.（= 2010，西阪仰編訳『会話分析基本論集——順番交替と修復の組織』「会話のための順番交替の組織——最も単純な体系的記述」世界思想社，5-153）
齋藤曉子，2007，「高齢者・家族・サービス提供者の相互関係分析——夫婦間介護におけるサービス〈受容〉のプロセス」『社会政策研究』7：176-196.
才津芳昭，2000，「家族は本当に多様化したのか？——家族多様化論再考」『茨城県立医療大学紀要』5：121-129.
酒井泰斗・浦野茂・前田泰樹・中村和生編，2009，『概念分析の社会学——社会的経験と人間の科学』ナカニシヤ出版.
阪井裕一郎・藤間公太・本多真隆，2012，「戦後日本における〈家族主義〉批判の系譜——家族国家・マイホーム主義・近代家族」『哲学』128：145-177.
崎山治男・伊藤智樹・佐藤恵・三井さよ編，2008，『〈支援〉の社会学——現場に向き合う思考』青弓社.
佐久間路子，2008，「親子のつどい・子育て広場」無藤隆・安藤智子編『子育て支援の心理学——家庭・園・地域で育てる』有斐閣，255-270.
桜井厚，2002，『インタビューの社会学——ライフヒストリーの書き方』せりか書房.
佐藤純子，2012，『親こそがソーシャルキャピタル——プレイセンターにおける協働が紡ぎだすもの』大学教育出版.
Schegloff, Emanuel A., 2007, “A Tutorial on Membership Categorization”, *Journal of Pragmatics* 39: 462-482.
Schegloff, Emanuel A. & Sacks, Harvey, 1972, “Opening up Closings”, *Semiotica* 7: 289-327.（= 1989，北澤裕・西阪仰編訳『日常性の解剖学——知と会話』「会話はどのように終了されるのか」マルジュ社，175-241）
盛山和夫，1993，「『核家族化』の日本的意味」直井優・盛山和夫・間々田孝夫編『日本社会の新潮流』東京大学出版会，3-28.
Sharrock, Wes & Watson, Rod, 1988, “Autonomy among Social Theories: the In-

大豆生田啓友・太田光洋・森上史朗編，2008，『よくわかる子育て支援・家族援助論』ミネルヴァ書房．

大貫挙学・松木洋人，2003，「犯行動機の構成と成員カテゴリー化実践――いわゆる『足利事件』における精神鑑定をめぐって」『犯罪社会学研究』28：68-81.

太田素子，2012，「『家』の子育てから社会の子育てへ――幼稚園・保育所の登場と日本の近代社会」太田素子・浅井幸子編『保育と家庭教育の誕生 1890-1930』藤原書店，9-27.

Owens, Erica & Ring, Gail, 2007, "Difficult Children and Difficult Parents: Constructions by Child Care Providers", *Journal of Family Issues* 28(6): 827-850.

Parsons, Talcott, 1965, "The Normal American Family", In Bert Adams & Thomas Weirath (eds.), *Readings on the Sociology of the Family*, Markham: 53-66.（＝1967, Seymour M. Farber ほか編 桂広介監訳『家庭は崩壊するか』「標準的なアメリカの家庭」誠信書房，27-42）

Parsons, Talcott & Bales, Robert F., [1955] 1956, *Family, Socialization and Interaction Process*, Routledge and Kegan Paul.（＝2001，橋爪貞雄ほか訳『家族――核家族と子どもの社会化』黎明書房）

Reiss, Ira L., 1965, "The Universality of the Family: A Conceptual Analysis", *Journal of Marriage and the Family* 27(4): 443-453.

Ribbens McCarthy, Jane & Edwards, Rosalind, 2002, "The Individual in Public and Private: The Significance of Mothers and Children", In Alan Carling, Simon Duncan, & Rosalind Edwards (eds.), *Analysing Families: Morality and Rationality in Policy and Practice*, Routledge: 199-217.

Sacks, Harvey, 1972a, "An Initial Investigation of the Usability of Conversational Data for Doing Sociology", In David Sudnow (ed.), *Studies in Social Interaction*, Free Press: 31-73.（＝1989，北澤裕・西阪仰編訳『日常性の解剖学――知と会話』「会話データの利用法――会話分析事始め」マルジュ社，93-173）

Sacks, Harvey, [1972b] 1974, "On the Analysability of Stories by Children", In Roy Turner (ed.), *Ethnomethodology*, Penguin Books: 216-232.

Sacks, Harvey, 1979, "Hotrodder: A Revolutionary Category" In George Psathas (ed.), *Everyday Language: Studies in Ethnomethodology*, Irvington Publisher: 7-14.（＝1987，山田富秋・好井裕明・山崎敬一編訳『エスノメソドロジー

離婚相談の分析を通じて（1914〜2007）」『家族社会学研究』20（2）：48-59.
野々山久也，1992，「家族福祉の視点とは何か」野々山久也編『家族福祉の視点――多様化するライフスタイルを生きる』ミネルヴァ書房，7-38.
野々山久也，1996，「家族新時代への胎動――家族社会学のパラダイム転換にむけて」野々山久也・袖井孝子・篠崎正美編『いま家族に何が起こっているのか――家族社会学のパラダイム転換をめぐって』ミネルヴァ書房，285-305.
野々山久也編，2009，『論点ハンドブック　家族社会学』世界思想社.
野々山久也・清水浩昭編，2001，『家族社会学の分析視角――社会学的アプローチの応用と課題』ミネルヴァ書房.
野々山久也・袖井孝子・篠崎正美編，1996，『いま家族に何が起こっているのか――家族社会学のパラダイム転換をめぐって』ミネルヴァ書房.
NPO 法人家庭的保育全国連絡協議会，2009，『はじめよう！　0・1・2 歳児の家庭的保育』福村出版.
落合恵美子，1989，『近代家族とフェミニズム』勁草書房.
落合恵美子，[1994] 2004，『21 世紀家族へ――家族の戦後体制の見かた・超えかた【第 3 版】』有斐閣.
落合恵美子，2000，『近代家族の曲がり角』角川書店.
尾木まり，2009，「家庭的保育の概要」家庭的保育研究会編『家庭的保育の基本と実践――家庭的保育基礎研修テキスト』福村出版，7-17.
尾木直樹，2000，「急げ、子育ての社会化を――春菜ちゃん殺人事件の深層」『世界』671：91-98.
小野壽美・櫃田紋子・伊志嶺美津子，2001，「家庭型保育に関する一考察――その特徴についての検討」『横浜女子短期大学研究紀要』16：1-13.
大日向雅美，2005，『「子育て支援が親をダメにする」なんて言わせない』岩波書店.
大豆生田啓友，2006，『支え合い、育ち合いの子育て支援――保育所・幼稚園・ひろば型支援施設における子育て支援実践論』関東学院大学出版会.
大豆生田啓友・荒木田ゆり・原美紀，2008，「場や拠点の整備」大日向雅美編『子育て支援シリーズ第 3 巻　地域の子育て環境づくり』ぎょうせい，272-292.

内閣府，2012，『子ども・子育て白書（平成 24 年版）』.
中河伸俊，2001，「方法論のジャングルを越えて――構築主義的な質的探究の可能性」『理論と方法』16（1）：31-46.
中河伸俊，2004，「構築主義とエンピリカル・リサーチャビリティ」『社会学評論』55（3）：244-259.
中河伸俊，2005，「『どのように』と『なに』の往還――エンピリカルな構築主義への招待」盛山和夫ほか編『社会への知／現代社会学の理論と方法（下）――経験知の現在』勁草書房，165-189.
中村和生・樫田美雄，2004，「〈助言者―相談者〉という装置」『社会学評論』55（2）：80-97.
中根成寿，2006，『知的障害者家族の臨床社会学――社会と家族でケアを分有するために』明石書店.
中西正司・上野千鶴子，2003，『当事者主権』岩波書店.
中谷奈津子，2008，『地域子育て支援と母親のエンパワーメント――内発的発展の可能性』大学教育出版.
Nelson, Margaret K., 1989, "Negotiating Care: Relationships between Family Daycare Providers and Mothers", *Feminist Studies* 15(1): 7-33.
Nelson, Margaret K., 1990, "Mothering Others' Children: The Experiences of Family Day Care Providers", In Emily K. Abel & Margaret K. Nelson (eds.), *Circles of Care: Work and Identity in Women's Lives*, State University of New York Press: 211-232.
Nelson, Margaret K., 1994, "Family Day Care Providers: Dilemmas of Daily Practice", In Evelyn N. Glenn, Grace Chang, & Linda R. Forcey (eds.), *Mothering: Ideology, Experience and Agency*, Routledge: 181-209.
西村純子，2001，「性別分業意識の多元性とその規定要因」『年報社会学論集』14：139-150.
西村純子，2009，『ポスト育児期の女性と働き方――ワーク・ファミリー・バランスとストレス』慶應義塾大学出版会.
西阪仰，2000，「一つの社会科学の考え方――経験的データをもちいた概念分析としての相互行為分析」『理論と方法』15（1）：61-74.
西阪仰，2001，『心と行為――エスノメソドロジーの視点』岩波書店.
野田潤，2008，「『子どものため』という語りから見た家族の個人化の検討――

三井さよ・鈴木智之編，2007，『ケアとサポートの社会学』法政大学出版局．
三井さよ・鈴木智之編，2012，『ケアのリアリティ――境界を問い直す』法政大学出版局．
Mooney, Ann, 2003, "Mother, Teacher, Nurse?: How Childminders Define Their Role" In Julia Brannen and Peter Moss, (eds.), *Rethinking Children's Care*, Open University Press, 131-145.
森岡清美，1993，『現代家族変動論』ミネルヴァ書房．
森岡清美，1998，「家族社会学のパラダイム転換を目指して」『家族社会学研究』10（1）：139-144.
森岡清美，2005，『発展する家族社会学――継承・摂取・創造』有斐閣．
森岡清美・望月嵩，1997，『新しい家族社会学　四訂版』培風館．
元森絵里子，2009，『「子ども」語りの社会学――近現代日本における教育言説の歴史』勁草書房．
Murdock, George P., 1949, *Social Structure*, Macmillan.（= 1986，内藤莞爾監訳『社会構造――核家族の社会人類学』新泉社）
Murray, Susan B., 2001, "When a Scratch Becomes 'a Scary Story': The Social Construction of Micro Panics in Center-Based Child Care", *The Sociological Review* 49（4）: 512-529.
牟田和恵，2009，「ジェンダー家族のポリティクス――家族と性愛の『男女平等』主義を疑う」牟田和恵編『家族を超える社会学――新たな生の基盤を求めて』新曜社，67-89.
牟田和恵，2011，「キテイ哲学がわたしたちに伝えてくれるもの」エヴァ・フェダー・キテイ著、岡野八代・牟田和恵編著・訳『ケアの倫理からはじめる正義論――支えあう平等』白澤社，155-172.
牟田和恵編，2009，『家族を超える社会学――新たな生の基盤を求めて』新曜社．
永井暁子，2009，「育児としての母と子のつながり」藤見純子・西野理子編『現代日本人の家族―― NFRJ からみたその姿』有斐閣，132-140.
内閣府，2005，『国民生活白書（平成 17 年版）』.
内閣府，2006，『少子化社会白書（平成 18 年版）』.
内閣府，2007，『少子化社会白書（平成 19 年版）』.
内閣府，2009，『少子化社会白書（平成 21 年版）』.

前田泰樹，2008,『心の文法——医療実践の社会学』新曜社.
前田泰樹，2009,「ナビゲーション〈1〉」酒井泰斗ほか編『概念分析の社会学——社会的経験と人間の科学』ナカニシヤ出版，3-9.
前原寛，2008,『子育て支援の危機——外注化の波を防げるか』創成社.
牧野カツコ，2009,「子育ての場という家族幻想——近代家族における子育て機能の衰退」『家族社会学研究』21（1）：7-16.
増田雅暢，2007,「日本の家族支援政策の現状と課題」本澤巳代子・ベルント・フォン・マイデル編『家族のための総合政策——日独国際比較の視点から』信山社，253-266.
松木洋人，2001,「社会構築主義と家族社会学研究——エスノメソドロジーの知見を用いる構築主義の視点から」『哲学』106：149-181.
松木洋人，2003,「家族規範概念をめぐって」『年報社会学論集』16：138-149.
松木洋人，2005,「子育て支援サービスを提供するという経験について——ケア提供者の語りにおける『子ども』カテゴリーの二重性」『家族研究年報』30：35-48.
松木洋人，2007,「子育てを支援することのジレンマとその回避技法——支援提供者の活動における『限定性』をめぐって」『家族社会学研究』19（1）：18-29.
松木洋人，2009,「『保育ママ』であるとはいかなることか——家庭性と専門性の間で」『年報社会学論集』22：162-173.
松木洋人，2011,「子育て支援の社会学的インプリケーション」『東京福祉大学・大学院紀要』2（1）：13-21.
松木洋人，2012,「ひろば型子育て支援における『当事者性』と『専門性』——対称性を確保するための非対称な工夫」『福祉社会学研究』9：142-162.
松木洋人，2013,「家族定義問題の終焉——日常的な家族概念の含意の再検討」『家族社会学研究』25（1）：52-63.
松永愛子，2005,「地域子育て支援センターの役割について——状況の多重性の中での『居場所』創出の場として」『保育学研究』43（2）：52-64.
松永愛子，2012,『地域子育て支援センターのエスノグラフィー——「親子の居場所」創出の可能性』風間書房.
目黒依子，2007,『家族社会学のパラダイム』勁草書房.
三井さよ，2004,『ケアの社会学——臨床現場との対話』勁草書房.

国立社会保障・人口問題研究所編，2012，『第14回出生動向基本調査（結婚と出産に関する全国調査）——第Ｉ報告書　わが国夫婦の結婚過程と出生力』．

小宮友根，2007a，「規範があるとは、どのようなことか」前田泰樹・水川喜文・岡田光弘編『ワードマップ　エスノメドロジー——人々の実践から学ぶ』新曜社，99-120．

小宮友根，2007b，「会話をする」前田泰樹・水川喜文・岡田光弘編『エスノメドロジー——人々の実践から学ぶ』新曜社，123-154．

小宮友根，2011，『実践の中のジェンダー——法システムの社会学的記述』新曜社．

子育て支援者コンピテンシー研究会編，2009，『育つ・つながる子育て支援——具体的な技術・態度を身につける32のリスト』チャイルド本社．

厚生省，1994，『厚生白書——未来をひらく子どもたちのために：子育ての社会的支援を考える』．

厚生省，1998，『厚生白書——少子社会を考える：子どもを産み育てることに「夢」を持てる社会を』．

小山静子，2002，『子どもたちの近代——学校教育と家庭教育』吉川弘文館．

久保田裕之，2009，「『家族の多様化』論再考——家族概念の分節化を通じて」『家族社会学研究』21（1）：78-90．

久保田裕之，2010，「家族定義の可能性と妥当性——非家族研究の系譜を手がかりに」『ソシオロジ』55（1）：3-19．

久保田裕之，2011a，「家族福祉論の解体——家族／個人の政策単位論争を超えて」『社会政策』3（1）：113-123．

久保田裕之，2011b，「家族社会学における家族機能論の再定位——〈親密圏〉・〈ケア圏〉・〈生活圏〉の構想」『大阪大学大学院人間科学研究科紀要』37：77-96．

栗山直子，2008，「現代家族の多様化と家庭的保育の位置づけについて」『家庭教育研究』13：13-18．

串田秀也，2006，『相互行為秩序と会話分析——「話し手」と「共—成員性」をめぐる参加の組織化』世界思想社．

前田正子，2004，『子育てしやすい社会——保育・家庭・職場をめぐる育児支援策』ミネルヴァ書房．

岩井紀子，2011，「JGSS-2000〜2010からみた家族の現状と変化」『家族社会学研究』23（1）：30-42.
岩間暁子，2008，『女性の就業と家族のゆくえ——格差社会のなかの変容』東京大学出版会.
岩間暁子，2010，「日本における『社会階層と家族』の研究を振り返る——階層研究と家族社会学の架橋のために」『家族社会学研究』22（2）：177-189.
Jayyusi, Lena, 1991, “Values and Moral Judgement: Communicative Praxis as a Moral Order”, In Graham Button (ed.), *Ethnomethodology and the Human Sciences*, Cambridge University Press: 227-251.
垣内国光・櫻谷真理子，2004，「子育て支援の実践と課題」竹中哲夫・垣内国光・増山均編『新・子どもの世界と福祉』ミネルヴァ書房，97-114.
金子勇，2004，「『子育て基金』を創設し、子のあるなしにかかわらず育児負担を共有せよ」『日本の論点2005』文藝春秋，490-493.
家庭的保育研究会編，2009，『家庭的保育の基本と実践——家庭的保育基礎研修テキスト』福村出版.
家庭的保育研究会編，2011，『家庭的保育の基本と実践　改訂版——家庭的保育基礎研修テキスト』福村出版.
加藤彰彦，2005，「『直系家族制から夫婦家族制へ』は本当か」熊谷苑子・大久保孝治編『コーホート比較による戦後日本の家族変動の研究』，139-151.
加藤彰彦，2006，「戦後日本家族の軌跡」富田武・李静和編『家族の変容とジェンダー——少子高齢化とグローバル化のなかで』日本評論社，3-30.
加藤彰彦，2009，「直系家族の現在」『社会学雑誌』26：3-18.
木戸功，2010，『概念としての家族——家族社会学のニッチと構築主義』新泉社.
木戸功・松木洋人，2003，「ふつうに家族であることを成し遂げる——家族生活の組織化と成員カテゴリー化分析」『社会学年誌』44：15-31.
Kitzinger, Celia, 2005, “Heteronormativity in Action: Reproducing the Hetero-sexual Nuclear Family in After-hours Medical Calls”, *Social Problems* 52 (4): 477-498.
北澤毅，2001，「少年事件における当事者問題——カテゴリー配置をめぐる言説と現実」中河伸俊・北澤毅・土井隆義編『社会構築主義のスペクトラム——パースペクティブの現在と可能性』ナカニシヤ出版，114-132.

Heritage, John C. & Sefi, Sue, 1992, “Dilemmas of Advice: Aspects of the Delivery and Reception of Advice in Interactions between Health Visitors and First-time Mothers”, In Paul Drew & John Heritage (eds.), *Talk at Work: Interaction in Institutional Settings*, Cambridge University Press: 359-417.

Hester, Stephen & Eglin, Peter, 1997, “Membership Categorization Analysis: An Introduction”, In Stephen Hester & Peter Eglin (eds.), *Culture in Action: Studies in Membership Categorization Analysis*, University Press of America: 1-23.

東野充成，2008，『子ども観の社会学——子どもにまつわる法の立法過程分析』大学教育出版.

Holstein, James A. & Gubrium, Jaber F., 1994, “Constructing Family: Descriptive Practice and Domestic Order”, In Theodore R. Sarbin & John Kitsuse (eds.), *Constructing the Social*, Sage: 232-250.

Holstein, James A. & Gubrium, Jaber F., 1995, “Deprivatization and the Construction of Domestic Life”, *Journal of Marriage and the Family* 57: 894-908.

堀聡子，2009，「子育てをめぐる『家族の境界』と子育て支援NPOの取り組み——横浜市港北区の事例から」『地域社会学会年報』21：87-99.

Housley, William & Fitzgerald, Richard, 2002, “The Reconsidered Model of Membership Categorization Analysis”, *Qualitative Research* 2(1): 59-83.

井口高志，2007，『認知症家族介護を生きる——新しい認知症ケア時代の臨床社会学』東信堂.

井口高志，2010，「支援・ケアの社会学と家族研究——ケアの『社会化』をめぐる研究を中心に」『家族社会学研究』22（2）：165-176.

池岡義孝，2010，「戦後家族社会学の展開とその現代的位相」『家族社会学研究』22（2）：141-153

井上清美，2013，『現代日本の母親規範と自己アイデンティティ』風間書房.

犬塚協太，2006，「ポスト近代家族における性別分業規範の変容とその類型化（1）」『国際関係・比較文化研究』4（2）：253-273.

伊勢田哲治，2004，『認識論を社会化する』名古屋大学出版会.

石井幸夫，1997，「コミュニケーションのリアリティー——ガーフィンケルの観察」『社会学評論』47（4）：428-444.

石井幸夫，2009，「言語をいかに問うべきか」『社会学年誌』50：117-133.

Goffman, Erving, 1967, *Interaction Ritual: Essays on Face-to-Face Behaviour*, Doubleday Anchor.（= 2002，浅野敏夫訳『儀礼としての相互行為　新訳版』法政大学出版局）
Gubrium, Jaber F. & Holstein, James A., 1990 *What is Family?*, Mayfield.（= 1997, 中河伸俊・湯川純幸・鮎川潤訳『家族とは何か――その言説と現実』新曜社）
Gubrium, Jaber F. & Holstein, James A., 1993, "Phenomenology, Ethnomethodology, and Family Discourse", In Pauline G. Boss et al. (eds.), *Sourcebook of Family Theories and Methods: A Contextual Approach*, Plenum Press: 651-672.
Gubrium, Jaber F. & Holstein, James A., 1997, *The New Language of Qualitative Method*, Oxford University Press.
Gubrium, Jaber F. & Holstein, James A., 2000, "Analyzing Interpretive Practice", In Norman K. Denzin & Yvonne S. Lincoln (eds.), *Handbook of Qualitative Research 2nd edition*, Sage: 487-509.（= 2006，古賀正義監訳『質的研究ハンドブック２巻――質的研究の設計と戦略』「解釈実践の分析」北大路書房，145-167）
Gubrium, Jaber F. & Holstein, James A., 2008, *Analyzing Narrative Reality*, Sage.
Hacking, Ian, 1995, *Rewriting the Soul: Multiple Personality and the Sciences of Memory*, Princeton University Press.（= 1998，北沢格訳『記憶を書きかえる――多重人格と心のメカニズム』早川書房）
Harris, Scott R., 2008, "What is Family Diversity?: Objective and Interpretive Approaches", *Journal of Family Issues* 29(11): 1407-1425.
原田正文，2002，『子育て支援と NPO ――親を運転席に！　支援職は助手席に！』朱鷺書房.
畠中宗一，2000，「いま『家庭的保育』を問い直す」『現代のエスプリ』401：5-9.
林道義，2002，『家族の復権』中央公論新社.
Heritage, John C., 1987, "Ethnomethodology", In Anthony Giddens & Jonathan Turner (eds.), *Social Theory Today*, Stanford University Press: 224-272.
Heritage, John C. & Lindström, Anna, 1998, "Motherhood, Medicine, and Morality: Scenes from a Medical Encounter", *Research on Language and Social Interaction* 31 (3&4): 397-438.

Fitz Gibbon, Heather M., 2002, "Child Care across Sectors: A Comparison of the Work of Child Care in Three Settings", In Francesca M. Cancian et al. (eds.), *Child Care and Inequality: Rethinking Carework for Children and Youth*, Routledge: 145-158.

藤崎宏子，2000a，「家族と福祉政策」三重野卓・平岡公一編『福祉政策の理論と実際――福祉社会学研究入門』東信堂，111-137.

藤崎宏子，2000b，「現代家族と『家族支援』の論理」『ソーシャルワーク研究』26（3）：4-10.

藤崎宏子，2000c，「家族はなぜ介護を囲い込むのか――ネットワーク形成を阻むもの」副田義也・樽川典子編『現代家族と家族政策』ミネルヴァ書房，141-161.

藤崎宏子，2003，「現代家族とケア――性別・世代の視点から」『社会福祉研究』88：21-26.

藤崎宏子，2004，「福祉改革と家族変動―― 2つの制度領域間のインターフェイス」『福祉社会学研究』1：113-125.

藤崎宏子，2009，「介護保険制度と介護の『社会化』『再家族化』」『福祉社会学研究』6：41-56.

普光院亜紀，2008，「保育制度から見た子育て支援」大日向雅美編『子育て支援シリーズ第3巻　地域の子育て環境づくり』ぎょうせい，22-46.

福川須美，2000，「転機に立つ家庭的保育制度の現状と課題」『現代のエスプリ』401：34-47.

福川須美，2010，「家庭的保育事業―― 2010年から法制化施行」全国保育団体連絡会・保育研究所編『保育白書　2010年版』ひとなる書房，62-65.

舩橋惠子，2006，『育児のジェンダー・ポリティクス』勁草書房.

Garfinkel, Harold, 1964, "Studies of the Routine Grounds of Everyday Activities", *Social Problems* 11(3): 225-250.（＝1989，北澤裕・西阪仰編訳『日常性の解剖学――知と会話』「日常活動の基盤――当たり前を見る」マルジュ社，31-92）

Gilgun, Jane F., 1999, "Methodological Pluralism and Qualitative Family Research", In Marvin B. Sussman, Suzanne K. Steinmetz, & Gary W. Peterson (eds.), *Handbook of Marriage and the Family, 2nd edition*, Plenum Press: 219-261.

losophy of the Social Sciences 12: 33-46.

Coulter, Jeff, 1983, "Contingent and A Priori Structure in Sequential Analysis", *Human Studies* 6: 361-376.

Coulter, Jeff, 1989, *Mind in Action*, Polity Press.

Coulter, Jeff, 1991, "Logic: Ethnomethodology and the Logic of Language", In Graham Button (ed.), *Ethnomethodology and the Human Sciences*, Cambridge University Press: 20-50.

Coulter, Jeff, [1996] 2001, "Human Practices and the Observability of the 'Macrosocial'", In Theodore R. Schatzki, Karin Knorr-Cetina, & Eric von Savigny (eds.), *The Practice Turn in Contemporary Theory*, Routledge: 29-41.

Davydova, Irina & Sharrock, Wes, 2003, "The Rise and Fall of the Fact/Value Distinction", *Sociological Review* 51(3): 357-375.

出口泰靖，2013，「『子育て〈支援〉』にこじれ、『〈支援〉される家族』にこじれて。――家族ケアの『私事化』と『脱私事化・脱家族化』とのはざまで」『支援』3：118-137.

Demo, David H., 1992, "Parent-Child Relations: Assessing Recent Changes", *Journal of Marriage and the Family* 54: 104-117.

江原由美子，2001，『ジェンダー秩序』勁草書房.

Esping-Andersen, Gøsta, 1999, *Social Foundations of Postindustrial Economics*, Oxford University Press.（= 2000，渡辺雅男・渡辺景子訳『ポスト工業経済の社会的基礎――市場・福祉国家・家族の政治経済学』桜井書店）

Fineman, Martha A., 1995 *The Neutered Mother: The Sexual Family and Other Twentieth Century Tragedies*, Routledge.（= 2003，上野千鶴子監訳、速水葉子・穐田信子訳『家族、積みすぎた方舟――ポスト平等主義のフェミニズム法理論』学陽書房）

Fisher, Berenice & Tronto, Joan, 1990, "Toward a Feminist Theory of Caring", In Emily K. Abel & Margaret K. Nelson (eds.), *Circles of Care: Work and Identity in Women' s Lives*, State University of New York Press: 35-62.

Fitz Gibbon, Heather M., 2001, "From Baby-sitters to Child Care Providers: The Development of a Feminist Consciousness in Family Day Care Workers", In Rosanna Hertz & Nancy L. Marshall (eds.), *Working Families: The Transformation of the American Home*, University of California Press: 270-290.

参考文献

赤川学，2004，『子どもが減って何が悪いか！』筑摩書房．

Allen, Katherine R., 2000, "A Conscious and Inclusive Family Studies", *Journal of Marriage and the Family* 62(1): 4-17.

網野武博，2009，「保護者への対応」家庭的保育研究会編『家庭的保育の基本と実践――家庭的保育基礎研修テキスト』福村出版，172-178．

安藤太郎，2009，「医療者の〈専門性〉と患者の〈経験〉」酒井泰斗ほか編『概念分析の社会学――社会的経験と人間の科学』ナカニシヤ出版，74-98．

Baker, Carolyn D., 1997, "Membership Categorization and Interview Accounts", In David Silverman (ed.), *Qualitative Research: Theory, Method and Practice*, Sage: 130-143.

Baker, Carolyn D., 2002, "Ethnomethodological Analyses of Interviews", In Jaber F. Gubrium & James A. Holstein (eds.), *Handbook of Interview Research: Context & Method*, Sage: 777-796.

Beck, Ulrich & Beck-Gernsheim, Elizabeth, 2001, *Individualization: Institutionalized Individualism and its Social and Political Consequences*, Sage.

Brannen, Julia & Moss, Peter (eds.), 2003, *Rethinking Children' s Care*, Open University Press.

Cheal, David, 1991, *Family and the State of Theory*, University of Toronto Press.

Christopher, Karen, 2012, "Extensive Mothering: Employed Mothers' Constructions of the Good Mother", *Gender and Society* 26(1): 73-96.

Coulter, Jeff, 1979, *The Social Construction of Mind: Studies in Ethnomethodology and Linguistic Philosophy*, Macmillan.（＝1998，西阪仰訳『心の社会的構成――ヴィトゲンシュタイン派エスノメソドロジーの視点』新曜社）

Coulter, Jeff, 1982, "Remarks on the Conceptualization of Social Structure", *Phi-*

事項

索引

人名

著者紹介

松木　洋人（まつき・ひろと）

1978年生まれ，兵庫県出身，博士（社会学）
慶應義塾大学大学院社会学研究科後期博士課程を単位取得退学後，早稲田大学人間科学学術院助手を経て，現在，東京福祉大学短期大学部専任講師
専門は家族社会学
共著書に『現代日本の社会意識——家族・子ども・ジェンダー』（慶應義塾大学出版会，2005年），『社会のなかの子どもと保育者』（創成社，2011年），共訳書にK. F. パンチ『社会調査入門——量的調査と質的調査の活用』（慶應義塾大学出版会，2005年）など

子育て支援の社会学——社会化のジレンマと家族の変容

2013年10月20日　第1版第1刷発行

著　者＝松木洋人
発　行＝株式会社 新 泉 社
東京都文京区本郷2-5-12
振替・00170-4-160936番　TEL03(3815)1662／FAX03(3815)1422
印刷・製本　シナノ

ISBN978-4-7877-1314-8　C1036

概念としての家族　家族社会学のニッチと構築主義

木戸　功著／四六判上製二六〇頁／二二〇〇円＋税

家族愛・家族の絆が喧伝される一方、介護での家族の負担や家庭崩壊、親子間の殺人・虐待が社会問題となっている。「家族」とはいったい誰なのか、そして何をするものなのか。戦後日本の家族社会学における家族概念を検討・整理しながら、社会構築主義の視点から現代の家族を解明する。

子育て支援　制度と現場　よりよい支援への社会学的考察

白井千晶・岡野晶子編著／Ａ５判二八八頁／二五〇〇円＋税

産婦人科医や周産期医療の不足にみられるように出産・子育てはますます高リスクのものとなりつつあり、政府の少子化対策は有効に機能していない。現在の支援制度はなぜ機能しないのか、親はどんな支援を求めているのか、乳幼児期の発達にはどんな支援が必要なのかを、当事者の視点から社会学的に明らかにする。